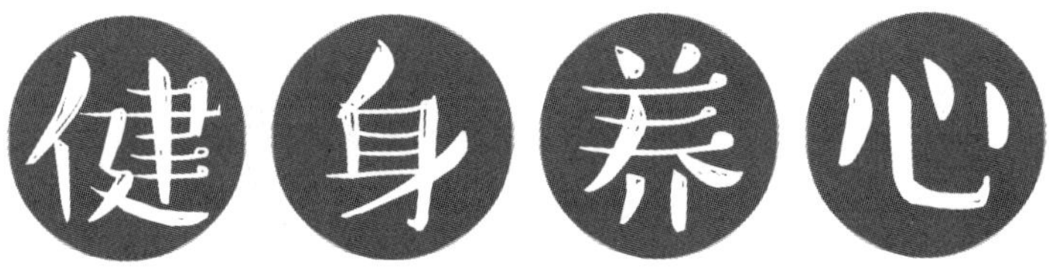

新时代休闲体育发展方向观

常丹丹　著

图书在版编目(CIP)数据

健身养心：新时代休闲体育发展方向观 / 常丹丹著. —北京：经济管理出版社，2018.6
ISBN 978-7-5096-5861-1

Ⅰ.①健… Ⅱ.①常… Ⅲ.①休闲体育—研究 Ⅳ.①G811.4

中国版本图书馆 CIP 数据核字(2018)第 128872 号

组稿编辑：杨国强
责任编辑：杨国强　张瑞军
责任印刷：黄章平
责任校对：董杉珊

出版发行：经济管理出版社
（北京市海淀区北蜂窝 8 号中雅大厦 A 座 11 层 100038）
网　　址：www.E-mp.com.cn
电　　话：(010)51915602
印　　刷：三河市延风印装有限公司
经　　销：新华书店
开　　本：720mm×1000mm/16
印　　张：11.5
字　　数：200 千字
版　　次：2018 年 6 月第 1 版　2018 年 6 月第 1 次印刷
书　　号：ISBN 978-7-5096-5861-1
定　　价：68.00 元

前　言

随着生活水平的提高，人们的生活由温饱走向小康，物质生活条件得到极大满足。随着物质条件得到满足，人们开始寻求精神上的享受和健康的生活方式。在这种情况下，休闲体育成为一种时尚。休闲体育能够帮助人们提高生活品质，实现精神需求，同时还具有传统体育所具备的健身功能。随着经济水平的提高和思想观念的转变，人们越来越喜欢参加休闲体育，并将其作为一种生活方式长期坚持下去。

随着人们对休闲体育的认可程度越来越高，休闲体育也逐渐发展成为一种产业，成为国民经济的重要组成部分。在这种情况下，休闲体育未来的发展方向就成为人们所关注的问题。基于这种现实情况，本书对新时代休闲体育的发展进行了梳理，并根据休闲体育的发展，提出其未来可能的发展趋势。

本书采取章节结构，共七章。

第一章从整体上对休闲体育进行一个概览，介绍了休闲体育的概念内涵、内容分类、特征以及价值。第一章之所以设置这些内容，主要是希望对休闲体育了解不多的人在翻开此书时能够对休闲体育有个大概了解，从而能够更好地阅读并理解后面的内容。

第二章主要介绍了休闲体育文化的发展变化，具体内容包括休闲体育文化方面多类型文化的定义以及休闲体育文化与生活方式。

第三章对休闲体育的多元化功能进行了介绍，重点介绍了休闲体育的休闲属性、健康属性、教育属性和娱乐属性。正是这些特质，使得休闲体育越来越受到各个年龄段和各个阶层人士的欢迎。

第四章介绍了我国休闲体育以往的发展状况，追本溯源，使读者对休闲体育一直以来的具体发展情况有一个了解，具体内容包括我国休闲体育的政策、未来发展、城乡居民参与休闲体育的情况等。

第五章主要介绍了我国休闲体育的发展现状以及未来趋势。本章按照休闲体育的类型进行介绍，包括山地休闲体育发展的现状及趋势、滨海休闲体育发展的现状及趋势、冰雪休闲体育发展的现状及趋势、沙漠与草原休闲体育发展现状及趋势、水上休闲体育发展现状及趋势。

第六章是对休闲体育所衍生产品和产业的介绍，主要包括休闲体育产品的开发与设计、休闲体育产业的经营与管理两部分内容。休闲体育作为第三产业，目前更处于崭露头角的阶段，因此其产品与产业经营的前景非常乐观。

第七章是对休闲体育理论继续发展的思考。新事物出现并得到发展后，其理论也要不断完善和发展，这样才能够反过来促进这一事物的继续发展。因此，了解休闲体育理论在未来的进一步发展对我们有非常重要的作用。本章内容主要包括休闲体育健身的未来发展趋势与挑战、休闲体育健身的效益趋势。

由于时间和笔者水平所限，书中难免有疏漏和不足之处，恳请各位读者提出批评意见。

笔　者

2018 年 5 月 10 日

目　　录

第一章　休闲体育概述

休闲体育产业是典型的第三产业，它不但具有传统体育所具有的提高广大人民身体素质的作用，还能够为我国经济的可持续发展提供强大的推动力量，因此促进休闲体育的理论发展和产业化运作至关重要。本章丰富休闲体育在概述和发展概况两方面的理论知识，依次从休闲体育的概念、内涵、内容、分类、特征、价值等方面进行论述。

第一节　何谓休闲体育

一、休闲体育的概念

体育活动具有健身性、竞技性、娱乐性、游戏性等属性，其不仅能够改善与发展人们的身心，而且对提高人们的身体机能具有十分重要的积极影响，因此伴随着休闲活动的不断发展，其逐渐被人们所接受，并且发展为一项人们喜闻乐见的休闲生活方式。伴随着体育在人们闲暇生活中深入程度的不断加深，休闲体育运动依然成为体育运动中相对独立的领域之一。

广义的休闲体育运动是指具有娱乐和休闲功能的各种体育活动，广义的休闲体育运动和体育运动的其他领域是对立统一的关系。最大程度地促使人类的运动能力得以提升以及不断推动人类挑战运动极限是竞技体育的目标所在，倘若竞技体育的某些项目能够运用到休闲生活中，也可称其为休闲体育运动。体育教育是指对受教育者进行运动技能教育和运动知识教育，进而促使受教育者掌握一些体育锻炼方法，学会一些体育项目的运动技术，受教育者学会的运动技术和运动方法有利于运动者养成良好的休闲活动习惯，最终有利于受教育者进行终身体育锻炼。大众体育是指具有健身特征、娱乐特征以及社会交往特征的群众性的体育活动，大众体育和广义的休闲体育运动大体相同，可将休闲体育运动看成大众体育的一个组成部分。

综上所述,休闲体育与体育运动的其他各个领域之间存在着外延联系。当休闲活动被用于竞技时,即可将其称为竞技体育;当休闲活动被用于娱乐休闲时,即可将其称为休闲体育。通常情况下,休闲活动的目标和功能是划分其类别的标准。

另外,作为具有相对独立性的一个分支,休闲体育运动与其他体育运动间也存在着某些区别。根据休闲体育的目的和作用,其概念定义为:休闲体育运动是指人们在闲暇时间进行的、以满足自身发展需要和愉悦身心为主要目的、具有一定文化品位的体育活动。①

二、休闲体育的内涵

(一)休闲与体育

所谓休闲,就是在工作和学习之外的时间,人们为达到放松身心所进行的各种娱乐活动。随着生活水平的提高,人们可选择的休闲方式越来越多样,休闲的意义内涵也不断发展变化。不过,休闲的重点仍然是放松心情、宣泄压力。合理健康的休闲方式能够帮助人们全方位调节体能、智力与情感。作为帮助人们缓解压力的重要生活方式,休闲体育能够提高人们的生活质量。体育是人们在生产活动中逐渐形成的以身体实践活动为主的文化形式,需要人们进行直接的身体参与。不过,体育的目的并不是娱乐,而是人们身心的健康发展。随着生产力的提高,人们的闲暇时间不断增多,休闲活动也逐渐为人们所接受,并发展为现在的休闲体育运动。

从体育产生以来,就一直与休闲存在密切的关系。在古希腊时期,休闲生活的典型民族是雅典人,他们午前办理公务,午后则在角力场和体操场馆享受余暇时光。当时体育馆是一般市民的公共设施,包括运动场、散步道和讨论会场等设施,午后大家集中在此处通过体育运动或者聊天度过时光,达到身心放松的目的。

在工业革命与现代化进程日益加快的大背景下,近代体育逐渐产生并迅速发展。18 世纪,随着工业革命的开展,在经济不断发展的同时,户外运动也逐渐兴盛起来。在日常的节假日,当时的人们都会进行各种各样的休闲活动,户外运动是当时必不可少的休闲内容。射击、足球、高尔夫等运动成为当时人们喜爱的项目。为了增加这些活动,相应的运动规则被逐渐制

① 郭振芳.休闲体育理论与实务及其产业化运作研究[M].北京:中国水利水电出版社,2016.

定出来，体育组织也由此诞生。近代体育与休闲运动之间的关系十分紧密，近代体育的发展离不开休闲运动，同时近代体育的不断发展也对休闲运动的发展产生了推动作用。

现代社会属于一个日益发展与繁荣的社会，其重要标志之一就是体育的日益发展与繁荣。各种体育书刊的急剧增加，电视机、电脑的普及，互联网接入千家万户，促进了体育信息量不断增加，体育信息正以前所未有的速度在人们的生活中传播，而且影响越来越大，"体育生活化"成为社会发展的一种趋势。休闲时间的不断增加，休闲设施的不断改善，观念的逐渐改变都为人们更好地进行与享受休闲体育活动打下了基础。曾经是一些"贵族体育"的运动项目如高尔夫球，已经走进了普通百姓家。体育全球化以及其国际文化交流进一步密切，使得很多体育项目在社会中迅速传播，如体育舞蹈、健美操等多种体育运动形式。

如今，沙滩排球和壁球等由国外传进来的休闲体育项目逐渐受到我国人民的认可和欢迎，并已发展成为人们休闲生活的新内容。许多新的休闲体育活动也处于不断发展的过程中，冲浪、滑板、攀岩、滑翔、激流皮划艇以及轮滑等运动被纳入到极限运动项目中，同时在社会中正在以飞快的速度传播，成为人们在休闲体育运动中尤为喜爱的运动项目。与此同时，体育与其他一些休闲活动的联系也日益紧密。有调查表明，在经济发达国家，人们日常生活中用于体育消费方面的开支通常占整个社会消遣和娱乐消费的30%~40%。体育旅游也成为旅游的一个新领域，登山、远足、骑车、帆船、潜水、跳伞、滑翔、滑雪等体育运动成为各旅游地招揽顾客的重要砝码，以体育活动为主题的旅行成为一种流行的休闲生活方式。

随着体育运动的发展，休闲体育与其他体育项目之间的区别逐渐缩小，不过，如果体育活动的主要动机是获得竞技成绩，则不能算作休闲体育，而以放松身心、缓解压力为目的的体育运动，则可以作为休闲体育。

休闲体育包括身体直接参与活动的体育休闲与非身体直接参与活动的体育休闲。平时所说的休闲体育运动属于身体直接参与锻炼的运动，此外还有非身体直接参与的体育休闲运动，包括观赏比赛，参观体育建筑，浏览与体育活动相关的图片、视频、文字等。如今，电子竞技体育与智力体育也处于蓬勃发展阶段。随着社会的进一步发展，休闲体育将会更加多样化。

（二）现代休闲体育运动的主体性地位

休闲体育不但具有传统体育的价值和功能，而且还具有促进社会经济发展的价值，也正因其既符合全民健身的要求，又能够催生出巨大的商业价值，所以才得到了社会各界的广泛关注。因此，休闲体育逐渐被纳入到高校的教学体系中,休闲体育的研究与相关人才的培养也在各国逐渐开展。近些年来,我国学者也在休闲体育方面进行了多方面的深入研究。

虽然说随着生产力的发展,人们的双手逐渐解放出来,得到了更多的闲暇时间,但在经济社会高速发展的今天,人们的双手虽然解放了,但脑力劳动的强度却更大了。这导致人们不但没有时间锻炼身体,而且产生了更大的精神压力和心理压力。如果人们的负面情绪和压力不能得到及时宣泄,轻则会对工作产生厌倦情绪,重则会出现抑郁倾向。而且由于脑力劳动几乎都需要在电脑前完成,久坐不但会对身体造成伤害,导致身体机能下降,而且还会引发疾病。毫无疑问,从事繁重脑力劳动工作的人们非常渴望将身体从电脑前解放出来,进行一定运动以释放身心压力。休闲体育运动正是符合人们期待的一种运动,能够健身养心,从身心两方面帮助人们缓解压力。

休闲体育运动能够使人们离开办公室后,在运动中实现发泄与放松,在自然中获得愉悦和畅快,摆脱工作给身体和心理带来的压力,对于上班族来说休闲体育运动带来的放松感是不可替代的。人们参与休闲体育运动的动机和目的除缓解生活以及工作中的压力外,同时大致包含以下几点。

1.净化情感动机

人们在日常生活中经常会产生一些精神上的压力、心理上的不满或者情绪上的不愉快,通过采取休闲体育运动的方式能够有效缓解这些压力,同时对于负面情绪的宣泄以及心理上的平衡具有积极的作用,有助于使人的心境恢复平静。

2.社交动机

通过参与某些休闲活动实现与他人交往的目的,同时提高自身的素质,实现自己对社会适应能力的目的。

3.报偿动机

在学习、工作和生活中,并不是人们所有的欲求都能得到满足,这种欲求不满会使人们心理产生一种不满足感、挫败感。因此,可以通过某种休闲体育活动体验成功感和满足感。处于青春期和叛逆期的学生群体在学习中遇到挫折和不顺时,非常容易产生这种动机。

4.放松身体动机

为了缓解身体的疲劳与肌肉的紧张,通过某种休闲体育活动来使肌肉松弛、身体获得积极的恢复。

5.发散精力动机

希望将自己工作、学习之后剩余的精力，通过某种活动方式继续发散出来。这种动机在精力旺盛、活泼好动的青少年人群中表现尤为明显。

除以上几个具有普遍性的常见行为动机外，有些人参与休闲活动可能只是为了追求某种感官上的刺激，有些人则可能是为了暂时逃避各项责任。但就大多数人而言，以上几项行为动机是他们参与休闲活动的常见动机。需要注意的是，人们参与休闲体育活动的动机并不是单一的，有时可能会在多种动机的共同作用下做出选择。例如，很多人在进行休闲体育放松身心的同时也在进行着一些社交活动。根据生理学的相关研究，积极恢复与消极恢复是消除人体疲劳的两种方式。积极恢复指的是借助相应的身体运动达到促进新陈代谢的过程，实现恢复的目的；消极恢复指的是自然的恢复方式，不通过运动等方式，而是通过静止休息的方式使人体实现自行恢复。研究表明，轻松适量的积极恢复方法能够帮助身心更加快速地恢复到较好程度。而且通过积极的身体恢复，人体的激烈、紧张以及焦虑的情绪能够得到有效缓解甚至消除。该项研究告诉我们，进行适宜的身体运动不仅有益于我们机体的健康，同时还对我们的精神世界具有积极的作用。由此，我们便不难理解为什么在现代社会丰富多彩的休闲活动中，休闲体育运动会占有如此大的比重。

休闲体育的快速发展，彰显了人们的整体生活水平获得了较大幅度的提高。作为最有活力、最具发展性的休闲行为方式，休闲体育运动随着城市化水平的不断提高、休闲体育设施以及场馆的不断完善，逐渐成为促进经济发展、提升城市形象以及精神文明建设的重要途径。现代休闲体育运动不仅能够使人们在城市紧张的节奏、狭小的生活空间中获取难得的轻松愉快，同时还能够使人们更好地感受自然、体验自然、亲近自然。此外，在城市化进程不断加快和社会不断变革和转型的今天，人与人之间冷漠的关系成为一个越来越凸显的社会问题。人们在参与休闲体育的过程中，能够对人与人的情感交流和沟通产生推动作用，进而更好地释放人们在身心上的压力。由此可知，对于都市群体来说，休闲体育运动是人们生活中的一项重要需要。

当前，越来越多的人开始接受“花钱买运动，花钱买健康”的观念，小康社会的休闲方式逐渐以休闲体育为主流。居民消费结构的转换以及消费需求的扩张已成为中国经济高速增长的主要动力。此外，以休闲体育运动为主体的休闲活动也必将在很大程度上推动我国经济的可持续发展。

第二节 休闲体育的内容分类

休闲体育内容丰富多彩,形式多种多样,根据不同分类标准能够将其划分出多种类别。这里主要从身体状态、项目功能以及项目性质三个方面对休闲体育进行划分,在详细阐述划分类别的同时,深入解析休闲体育所包含的多项具体内容。通过阐述休闲体育的内容和分类,为运动者参与休闲体育运动奠定理论基础。

一、根据身体状态划分

(一)观赏类休闲体育运动

观赏类休闲体育运动主要是指观赏各种体育竞赛和休闲体育运动的表演。在观看这些比赛和表演的过程中,人们会表现出各种不同的情绪,如兴奋、激动、惊叹、沮丧、愤怒等。通过观赏他人所进行的休闲体育活动,人们的心理压力会获得很大程度的释放。另外,在观赏这些表演与比赛的过程中,观赏者还可以学到很多相关的体育知识,得到体育精神的熏陶。

(二)安静类休闲体育运动

安静类休闲体育运动主要指棋牌类的休闲活动,垂钓也属于此类活动。以棋牌类休闲活动为例,棋牌活动的参与者身体活动量较小,脑力支出相对较大,是智慧与心理素质的一种竞争。一般而言,此类休闲体育活动通常是多人参加的集体活动,默契与配合、经验与心理素质是这类活动的重要特征。相较而言,在垂钓活动中,参与者的体力和脑力支出都相对较小,是一种合适的修身养性方式。

(三)互动性休闲体育运动

互动性休闲体育运动主要包括利用自然运动和互动式运动两种类型。利用自然运动具体指的是利用自然界的资源进行的互助的体育休闲活动,这类活动需要专业的指导或者在医护人员的监督下进行,从而保证活动的安全,如空气浴、温泉浴、泥浴、沙浴、药浴、蒸气浴等;互动式运动具体指的是通过专业人员技术活动来缓解身心的疲惫、消除烦躁心绪、减压、调节身心的一种活动形式，推拿按摩、针灸、足按足浴、理疗等都属于互动式休闲活动的范畴。

二、根据项目功能划分

（一）强身健体类休闲体育运动

从古至今，人们一直将体育作为强身健体的一种重要方式，人们充分认识到体育在锻炼身体过程中具有不可替代的作用。因此，人们采用体育锻炼的方式，以有效促使其身体机能始终维持在较好的状态，推动其身体获得最大限度的生长发育。从古代发展至今，体育运动强身健体的功能一直被人们关注和重视。五禽戏、太极拳以及八段锦等均为中华民族几千年来文化与智慧的结晶，同时还被人们视为强身健体、延年益寿的有效方式。

（二）竞技比赛类休闲体育运动

无需高密度和高强度的训练以及无需专业水平的教练指导，是休闲体育中的竞技比赛和传统体育中的竞技比赛的主要区别。展现自身和表达自我是人们参与休闲体育运动的主要目的。感知和享受休闲运动竞技比赛的过程是参与该项运动的主要目的，不应将休闲运动竞技比赛的主要目的仅设定为赢得比赛的胜利。与传统体育运动的竞技比赛相比，休闲体育竞技比赛不仅具备传统比赛的对抗性，而且还具备传统运动所不具备的自由娱乐性，此外，还对比赛结果进行了淡化，推动比赛参与者尽可能沉浸在休闲体育的乐趣中。参与者通过参加休闲体育竞技比赛，一方面满足其展现自我和表现自我的心理需求，另一方面帮助参与者在对抗过程中加强沟通，强化团队合作意识，强化参与者的自信。

（三）娱乐排遣类休闲体育运动

在压力大、生活节奏快的现代社会，休闲体育的娱乐消遣功能越发明显。休闲体育活动不仅具有强健体魄、陶冶情操的作用，同时具有放松身心的作用，参与者通过参与休闲体育活动达到参与运动的预期目标，同时实现身体的锻炼和精神的愉悦。娱乐排遣功能的出现是为了调整参与者的心境，充分调动参与者的想象力与创造力，重点关注和发展人们的参与性和自由发挥性。在娱乐排遣类的休闲体育运动中，可以充分释放参与者的身心。

娱乐排遣类的休闲体育运动包括围棋、钓鱼、放风筝等。

（四）极限运动类休闲体育运动

极限运动作为近些年出现的新型运动，深受年轻人的欢迎与喜爱，并且已成为衡量时尚的重要标准。挑战存在于人类发展的各个时期和各个地域。如今，人们对现代的科学器械进行充分利用，尽全力挑战自我，充分挖掘自身的潜力，进而获得超越心理障碍时的成就感和满足感。同时，极限运动类休闲体育活动还能满足人们回归自然、返璞归真的需求。由于极限运动能够满足人们在生理和心理两方面的需求，所以在其产生后就快速获得了广大群众的认可并得以迅速传播。

当今社会不仅是科技飞速发展的时代，同时是人们压力异常大的时代。在竞争激烈的大环境下，人们急需对自身的压力进行释放，极限运动类休闲体育运动帮助人们发泄压力和释放能量的功能正好与人类的需求相吻合。攀岩、冲浪、蹦极等极限运动类休闲体育运动不但给人们的日常生活增添了乐趣，同时还推动人们回归大自然怀抱，实现真正意义上的返璞归真。

三、根据项目性质划分

根据项目性质划分，可以将休闲体育运动划分为眩晕类运动，命中类运动，技巧类运动，冒险类运动，养生类运动，健身舞类运动，游戏竞技类运动，水上、冰雪类运动，户外休闲运动等类型，不同类型的休闲体育活动具有各自不同的特点。

眩晕类运动主要包括借助一定的运动器械及设备，使人在运动中得到在日常生活中很难体验到的空间运动感觉，感受身体与心理极限刺激的休闲体育运动。游乐场上各种产生滑动、旋转、升降、碰撞的游艺项目，如蹦极、过山车等就属于眩晕类运动。

命中类运动是运用自身的技巧与能力，借助特定的轻器械击中目标的休闲体育运动。这类运动包括打靶、射击、射箭、保龄球、台球、高尔夫等。

技巧类运动是通过运用自身能力，借助特定轻器械所表现出的高度灵巧和技艺的休闲体育运动。花样滑板、自行车越野障碍等就属于这类运动。

冒险类运动即对大自然的一种具有挑战性的、有严密的组织措施和安全保障的休闲体育运动。如沙漠探险、漂流、山洞探险、滑翔伞等。

养生类运动的节奏一般比较舒缓，若经常参加，能够强身健体。这类运动有瑜伽、太极拳、木兰拳、木兰扇等。

健身舞类运动就是通过各类民族传统歌舞的形式和有音乐伴奏进行的休闲体育运动。例如，东北大秧歌、民间舞蹈、舞狮、舞龙等。

游戏竞技类运动是将体育比赛项目的规则进行简化和游戏化改造之后，形成的休闲游戏比赛活动。例如，沙滩排球、三人篮球、室内足球等。

水上、冰雪类运动就是在水上或冰雪上展开的运动。具体项目包括游泳、潜水、滑水、摩托艇、帆船、冲浪等；冰雪项目包括滑冰、花样滑雪、雪橇等。

户外休闲运动包括人们回归自然的各种体育休闲方式，包括远足、登山、攀岩等。

第三节　休闲体育的特征

一、时代性

休闲体育是在一定的历史阶段、一定的文化背景下产生并逐渐发展起来的。在不同的历史时期，其物质文明和精神文明也各有不同，因而所产生的休闲活动方式也各不相同，体育休闲活动是应不同时代的要求和进步而演变及发展起来的。

通过对历史发展进程进行观察和总结，能够得出无论在任何社会时期，体育活动常常能够现身在社会中，发展成一种被百姓接受和喜爱的休闲活动方式。即使是在神权统治之下的中世纪欧洲，也很难抑制民众追求身体游戏的需要，少年儿童始终是游戏的先锋，他们将武士的打斗变成自己进行身体娱乐的活动形式。当然，休闲体育运动毕竟是社会文明的一种表现，在很多情况下，它与社会科学技术的发展水平都有密切的关系。我们能够看到，如今所流行的体育休闲活动在 20 世纪初发生了很大的变化，如今的体育休闲活动常常与科学技术以及材料革命相结合，而之前的活动更加倾向于进行身体的自然活动。

二、自然性

人的生命活动无外乎内部活动和外部活动两种形式，内部活动就是生理、生化活动，即物质与能量不断消散的一个过程。不管我们是否愿意,这种过程总是在人这一有机体内部不断发生并进行着。要想维持生命结构的存在,一方面需要促使消散过程不断地积极进行,另一方面需要通过与外界进行物质交换而实现对已经消散能量的补偿。然而,这两个方面的活动都要借助于有机体的外部活动,它们构成了摄入与排泄以及身体运动这些基本需求的本源。因此,人们总会选择大量涉及身体运动的游戏或者娱乐方式。作为生命,人也必然会遵循生命运动的基本轨迹,保留生命体本能的需求以及活动的方式。只是人的这些本能需求在个体的社会化进程中被特定的方式所限制,从而以社会人的特有方式来满足这些需求。

三、自发性

美国休闲学专家杰弗瑞・戈比认为:"休闲是从文化环境和物质环境的外在压力中解脱出来的一种相对自由的生活,它使个体能够以自己所喜爱的、本能地感到有价值的方式,在内心之爱的驱动下行动,并为信仰提供一个基础。"休闲体育活动同样是人们在休闲时间内所进行的一种自发性的主体活动,它完全是出于一种个体或某一群体真正的主体需求,在个人能够自由支配的时间里进行体育活动,不包含任何的强制、被动或者非自愿成分。在体育活动中,由于是因为主体自觉自愿的需要而参与,因此它不仅直接满足个人身心发展的需求,而且这种良好的情绪体验会更好地激励其持久参与的积极性,并比较好地形成不间断的良性循环。

自发性属于人类自觉意识的一种体现。在当前社会高度发展的情况下,休闲不再只是劳动后的一种休息和放松。在人类闲暇时间不断增多的情况下,休闲已经发展成为每个个体的一项基本生活权利,成为组成个体生活的一项有机部分。当前人们具有充分的自由意识,休闲体育运动能够充分反映出广大群众对闲暇时间的支配权。

四、参与性

休闲体育运动的实践性很强,它需要人们的亲身参与,同时在进行体育活动的过程中体验并获得某种感受,或者通过自身活动的结果来表达出自己的观点或者理念。没有自己亲身的参与,就不能够从中获得所期望的感受,也不能够实现自己的完整表达。有些人将观看体育比赛和体育表演纳入到休闲体育运动的范畴,并将休闲体育运动分为参与型与观赏型两种。虽然在观看体育比赛或表演时,经常会有表演者与观众之间的互动,但我们却始终不能认定这是观众在演出。因此,休闲体育运动应该是活动者参与其中、亲身实践的过程。事实上,休闲体育运动所能够实现的各种功能与作用,都是活动者在参与过程中体现出来的。

体验是休闲体育运动参与性的一种重要体现。体验是人类进行感知的一个过程,在这个过程中,人们不断对感知进行处理,需要进行一定的情感投入。体验并不是简单的感觉,而是一种感觉的深化与发展,它需要对某种行为做出有意识的解释,它是与当时的时间与空间紧密联系的精神过程。休闲体育运动是一种直接的身体体验活动,在人们进行身体体验的过程中,会产生一定的情感、情绪以及心理体验。现代社会中由于工作压力以及城市生活的紧张,使人们更倾向于选择和寻找一些轻松的、快乐的东西让自己放松,这种放松是心理上的放松,人们通过参与休闲体育运动来体验心灵的放松。

现代休闲体育运动与竞技体育相比,少了竞争的紧张感,让人们能够更加放松地参与其中,非常有利于人们的身心健康。

五、选择性

休闲体育的选择性特点是指体育休闲运动可以自由选择,自主选择性强。目前,随着社会的发展,从事休闲服务的人逐渐增多,因此,许多休闲活动进入了社会经营性场所,这就意味着老百姓要对休闲进行付费,但是,由于经济条件的限制,许多人不能经常坚持参加需要付费的休闲活动。此时,他们就可以自主进行选择,他们可以选择在公园、广场或者家中等场所进行散步、跑步等休闲活动。休闲体育活动的选择性特征使其越来越受到百姓的喜爱。

六、灵活性

人们随时随地都可以进行休闲体育运动,这正是休闲体育运动灵活性的体现。现代社会竞争激烈,人们的生活节奏不断加快,如果付出过多的时间进行体育休闲活动势必会成为人们的一种负担。但是,有些体育休闲活动不需要格外抽出时间进行,人们既可以在茶余饭后的零散时间里进行,也可以在工作间歇的时间里进行,还可以在早晚坐公交车的时间里进行,这些活动具有参与灵活的特点,进行这些活动的时间可长可短,完全可以根据人们的兴致、体力、时间等视具体情况而定。

七、愉悦性

休闲体育运动的愉悦性是从休闲体育的功能方面来讲的。在各种形式的体育休闲活动中，人们不必为从事锻炼的花销而发愁，不必为动作的笨拙而苦恼，更不必为锻炼不达标而沮丧。人们在体育休闲活动中可以忘记烦恼，全身心地投入到运动中，在运动中享受既健身又健心的愉悦。

八、时尚性

在经济、文化发展迅速的今天，参加体育活动已经成为一种新的时尚。时尚性是一种社会事物与社会发展的趋势以及社会需求协调统一的表现，人们对体育的需求由于社会物质文明的不断发展而日益强烈。一方面，作为时代的青年人不只是时尚的代表，同时也是时代风气的传播者；另一方面，由于青年人充满了青春活力，是“娱乐的先锋”。体育不仅是一种表现其青春活力的载体，能够让他们产生愉悦的情感，形成一种良好的交流与互动，还可以宣泄情绪以及发散多余的精力。因此，在现代社会的不同时期，休闲体育一般都会成为青年人的一种时尚。

随着社会经济水平的不断提高，人们的思想意识不断进步，新的休闲体育运动不断被创造出来，并在全球化的社会背景下迅速向全世界范围传播，逐渐演变为一种全球性的休闲体育运动。在信息高速传播的今天，人们不断接受新的思想与内容，因此，一种休闲体育运动形式很快会被另一种形式所替代，这种快节奏是社会发展的鲜明特点。此外，新的休闲体育运动的产生与发展，总是先在少数人当中流行与传播。人们一方面通过参与休闲体育运动以表明自己的某种身份或地位，另一方面以此表现自己与另外某阶层存在的差异。例如，高尔夫运动在流行之初被标榜为贵族富人的运动，因此有很多富人都“被热爱”上这项休闲体育运动。

九、多样性

休闲体育的多样性特征是指休闲体育运动的方式多样。体育休闲活动是人们在闲暇的时间中从事的活动，它有各种各样的形式，人们可以根据自己的兴趣爱好等进行自由选择。它既可以以集体的形式进行也可以以个人的形式进行，既可以安静地进行也可以在音乐的欢快节奏中进行。人们可以选择慢跑、散步、扭秧歌、跳交谊舞等多种锻炼形式，在这些形式中得到精神上的极大满足。

第四节　休闲体育的价值

一、经济价值

(一)优化国民经济产业结构

随着社会的发展,休闲体育活动逐渐增多,休闲体育也逐渐多样化。休闲体育业是典型的第三产业,当生产力发展到一定阶段时第三产业就必然迅速发展,一个国家的经济越发达,其第三产业在国民经济中所占的比重越大。第三产业也是社会发展的标志,它能够带动其他相关第三产业的发展,对优化产业国民经济的结构具有重要的作用。

(二)积累国家建设资金

休闲体育业作为第三产业,同其他第三产业一样也具有加快货币的回笼速度、增加货币回笼数量的作用,从而能够达到稳定市场、防止通货膨胀和积累国家建设资金的目的。在市场经济中,一切经济活动都必须通过货币完成,如果货币的投放量过多或者过少,就会引起通货膨胀和通货紧缩。如果出现通货膨胀就必须采取措施扩大消费,回笼货币。休闲体育业就是回笼货币的有效方式。

(三)增加就业机会

从本质角度进行分析,就业是在一定的社会经济条件下,劳动者以特定的方式参与社会劳动,并从中得到物质上和精神上满足的机会。就业问题是社会所面临的重要问题,它不仅关系到个人的生存发展和享受问题,还关系到社会的稳定,乃至国家的发展问题。休闲体育业作为新兴的第三产业,是一种具有服务性和生产性的综合性产业部门,它的发展必然会为社会提供更多的就业岗位,对社会的安定和国家的发展具有重要的作用。

二、文化价值

通常情况下,文化有广义和狭义之分。广义的文化是指人们在社会中所从事的各类活动，以及在这些活动中所创造的全部成果，它既包括物质生产和物质产品，又包括精神生产和精神产品，还包括各种社会事物、社会现象和社会过程。狭义的文化是指相对于物质文化的一种精神文化，是指与精神生产直接有关的精神生活、现象以及过程，价值观、社会意识或思想以及道德。文化是人类特有社会活动的积淀。

作为特殊的社会文化现象之一，在市场经济条件下，休闲体育的文化价值越来越受到人们的关注。休闲体育的文化价值主要指休闲体育活动本身的技术规格、形式以及休闲体育设备的样式、装饰、商标等方面所反映的人们精神文化观念和心理等信息的属性的大小。它的重要特征是借助休闲体育所承载的文化价值，推进社会文明的进步，提高人们的整体生活水平。

三、和谐价值

所谓和谐价值，即休闲体育具有的能够满足社会主体构建和谐社会需要的作用。和谐价值主要包括实现社会政治和谐发展的价值、实现社会经济和谐发展的价值以及实现社会精神和谐发展的价值。

四、生理价值

（一）预防或减少疾病

随着社会生产力的提高，人们的生活越来越好，所需的体力劳动越来越少，这在解放了人身体的同时也导致人的运动量减少，而新的生活方式也导致了某些疾病的频发，如“三高”等。研究表明，长期坚持休闲体育活动能够增加血液中高密度脂蛋白胆固醇的含量，而这些高密度脂蛋白胆固醇可以将沉积在动脉壁上的胆固醇运送到肝脏进行代谢，从而减慢主动脉粥样硬化斑块的形成与发展，最终起到防止疾病发生的作用。而且经常进行适宜的体育休闲活动，还能够提高免疫系统的功能。

（二）增强脑力

经常进行适宜的体育休闲活动，对机体的某些器官和系统具有良好的刺激与按摩的作用，这样有利于改善神经系统的功能，促进血液的循环，从而促进脑细胞的代谢，使大脑的功能得到充分发挥，增强脑力。

（三）延缓衰老

实践证明，经常进行适宜的休闲体育活动是人们保持健康和延缓衰老的有效手段之一。例如，经常坚持长跑运动能够改善心肺的功能，增强肌肉组织的力量，还可以增加关节的韧性和调节人们的精神，这些都有利于人们保持长久的活力，延缓衰老的过程。

五、心理价值

（一）培养良好的社会态度

人们经常参加适宜的休闲体育活动，不仅可以提高他们的认识能力，还可以提高他们的情绪智力。人们在参与休闲体育活动的过程中，可以获得丰富的情感体验，在这些体验中提高自己对情绪、情感的认识和控制能力。与此同时，人们还可以从这些体验中认识到他人情绪与情感的表现方法，这样有助于个体认识能力和情绪智力的提高，能够对个体形成良好的社会态度产生积极影响。

（二）形成良好的团队意识

在休闲体育活动中，人们由于共同的兴趣、爱好等而组合在一起，形成了一些正式的或者非正式的群体。在这些群体中，人们需要遵循共同的行为准则，人们的行为一定程度上受到这些准则的约束和规范，这有利于人们形成团队意识。在休闲体育活动中形成的这些团队意识能够满足人们的个体归宿需要，有利于形成良好的社会心理氛围，最终符合社会主义精神文明建设的需要。

（三）提高人际交往能力

由于许多休闲体育活动均要求人们共同参与，因此在参与过程中能够增加人们相互接触的次数，拓宽参与者人际交往的宽度和广度。与人们在工作中的交往不同，在休闲体育活动中不存在职业、地位、年龄和文化背景等方面的差异，人与人之间的沟通障碍得到了很大程度的消除，人与人之间的感情沟通变得更加顺畅有效。在人与人进行沟通的过程中，能够得到他人的帮助与支持，进而对个体思想、情绪和行为产生积极影响，推动参与者产生协作思想与利他行为，最终对人们良好人际交往能力的构建产生有利影响。

第二章　休闲体育文化

在人类文明发展的状态下，产生了休闲体育这一文化形态，它是人类精神文明与物质文明的特殊综合体。休闲体育在人类文明发展进程中，以特殊的运动形式或运动性行为方式与人类的日常生活紧密相连，是人类生活方式中的重要组成部分和人类文化的建构内容。休闲体育是人类社会的一种社会文化现象，是在文化的休闲维度和体育维度上产生的一种交叉性文化。故而，从文化的层面对休闲体育进行解读，能够使我们充分深入地思考那些展现在我们面前的现象，扩大研究休闲体育的范围。本章通过对休闲体育文化建构的逻辑关系的了解，分别对文化、休闲文化、体育文化及休闲体育文化进行阐述，以此认识各自的建构要素和特征。本章还研究了现代人生活方式与休闲体育之间的关系、健康生活方式的基础与不良生活方式的运动性矫正等。

第一节　多类型文化的内容与定义

从文化的层面研究休闲体育，是把体育运动视为一种休闲方式，置于人类文化大背景下的考察，分析其发生与发展的过程、机制、建构要素及影响因素。从文化的层面出发，我们第一步要通晓较为宽泛的人类文化的概念和内涵，继而认识作为人类文化的组成部分的休闲文化和体育文化等领域文化的根本建构，最终明白所要调查与分析的休闲体育文化内容和实质。

一、文化

（一）文化概念的起源

文化是一个历史悠久的概念，人类的起源和文化的起源具有一致性，即文化现象与人类的文明进步同步，对于“文化”而言，其是一个逐渐演变和发展的词汇，因为古人类没有将各种现象进行归类命名的本领。中国古老的神话传说“盘古开天辟地”“伏羲教人打鱼”“神农氏”等，都涉及了人类文化起源的问题。虽然神话不具有科学性，但透过神话的面纱，我们可以看到文化起源的一些踪影。进入文明时代以来，很多哲学家与思想家对人类起源和文化起源这一问题阐述了种种观点。古希腊哲学家德谟克利特说“人们从天鹅和黄莺的鸣叫中学会了唱歌”，这是文化艺术源于模仿的理论。中世纪神学家认为上帝创造了人类与文化。近代社会科学将人类起源和文化起源的问题视为重大的课题，近代的考古学和民族学提供了丰富的调查资料，促使这一问题的研究建立在科学的基础之上。

1.人类起源与文化起源的同步性

人离不开社会和文化，同样，文化也离不开人，人之所以为人，就在于人是社会的人、文化的人。富兰克林说“人是制造工具的动物”；卡西尔说“人是符号的动物”。尽管他们的定义具有不精确性，但都揭示了一个核心问题，即人和动物的区别在于人能制造和使用工具，人能掌握文化符号。人与文化紧密相连，两者相伴而生、相随而长，人类的起源与发展和文化的起源与发展具有同步性，标志着从猿发展到人的第一件工具是人类进化的起点，也是文化进化的起点。

恩格斯在《劳动在从猿到人的转变过程中的作用》中指出：“劳动使猿进化为人，劳动创造了人的双手，劳动创造了人。手不仅是劳动的器官，还是劳动的产物。只是由于劳动，由于和日新月异的动作相适应，由于这样所引起的肌肉、韧带以及在更长时间内引起的骨骼的特别发展遗传下来，而且由于这些遗传下来的灵巧性以愈来愈新的方式运用于新的愈来愈复杂的动作，人的手才达到这样高度的完善，在这个基础上它才能仿佛凭着魔力似的产生了拉斐尔的绘画、托尔瓦德森的雕刻以及帕格尼尼的音乐。”在劳动的作用下，人的手和脚分开得以直立行走；人的体质得到了发展；人的大脑逐渐发达起来。劳动需要人们结成群体，由此产生了社会交往；社会交往需要交流思想和互通信息，从而产生了语言。劳动是第一位，语言和劳动是两个最主要的推动力。

某些生物学家表示，有些动物如黑猩猩等，依然可以制造和使用工具并进行生产。这样，人和动物的界限似乎模糊了起来，要弄清这个问题，需了解人的本质。马克思在《1844年经济学哲学手稿》一书中认为：“生命活动的性质包括了一个物种的全部特性，而自由自觉的活动恰恰就是人类的特性。”蜘蛛结网和蜜蜂造房，虽然技巧很高，但这是其本能的活动，而最蹩脚的建筑师,在他建筑房屋之前,脑子里也会有个设计图案,动物则没有。“劳动过程结束时得到的结果,在这个过程开始时就已经在劳动者的表象中存在着,即已经观念地存在着;他不仅使自然物发生变化,同时还在自然物中实现自己的目的,这个目的是他所知道的,是作为规律决定着他活动的方式和方法的。”动物的劳动是片面的、简单的、本能的,人的劳动是能动的、有意识的、有目的创造的。

考古为人们研究人类的起源提供了科学的依据。1974 年 11 月在埃塞俄比亚,美国和法国组成考察队,发现了一具人类化石骨骼,专家认为人类已有 300 万年的历史。那么文化起源也应追溯到 300 万年前。

2.文化的起源

英国著名学者雷蒙德·威廉斯在《关键词——文化与社会的词汇》一书中表示:“文化是英文中含义最为复杂的两三个词语中的一个。一方面是因为文化这个词的含义有复杂的演变历史,另一方面是因为如今在一些学科领域和不同思想体系中,文化都成为了重要概念。”

从“文化”这一词汇的演变历史出发,最初只是照料农作物和动物生长过程的一种表达,继而引申为人类发展的历程。威廉斯认为:“‘文化’从照料农作物和动物的生长这个原初本义,经过隐喻的运用,词义转移到人类发展历程这个意义上。人类用自己的力量造就了人类自身的发展,这一结果或过程,就是‘文化’。”

威廉斯通过对“文化”一词在英文、法文和德文中使用的演变历史的调查,概括了“文化”抽象、一般、普遍的根本词义。他强调“文化”主要有三大类词义:一是独立、抽象的名词,主要对 18 世纪以来的思想、精神及美学发展的一般过程的叙述;二是独立的名词,在广义或狭义方面,皆对一种特殊的生活方式,即一个民族、一个时期、一个群体或全体人类的表达;三是独立抽象的名词,对知性的作品与活动,特别是艺术方面如音乐、文学、绘画与雕刻、戏剧与电影等的阐述。

威廉斯对“文化”一词的探究说明了,“文化”一词的内涵是一个逐渐演变和发展的过程,在不同的历史阶段,不同的民族、不同的学科和不同的学者对其有不同的认识。因为差异性,人们对文化的概念自然各不相同,一些哲学家、社会学家、人类学家、历史学家、教育学家、语言学家等都对文化下过定义。1952 年,由美国文化人类学家克罗伯和克拉克洪合著的《文化——有关概念和定义的回顾》一书中,列举了 1871~1951 年中有关文化的定义就高达 164 条。自 20 世纪 50 年代以来,针对不同的学科和不同的层面不知道有多少学者对文化阐述了自己的认识和观点,不知道产生了多少新的文化的定义。

第一个对文化概念进行人类学定义的西方学者是泰勒,他在 1871 年出版的代表作《原始文化》一书中指出:"文化,或文明……是一种复杂丛结的全体。这种复杂丛结的全体,包括知识、信仰、艺术、法律、道德、风俗,以及任何其他的人所获得的才能和习惯。"从泰勒的表述中得出文化与文明仿佛是同一个概念的结论。

据我国专家考证,"文化"是中国语言系统中已有的词汇。"文"最初的本义是指各色交错的纹理,例如《说文解字》称:"文,错画也,象交叉"就指此义。后来又出现了若干引申义,其一,包括语言文字内的各种象征符号,进而具体化为文物典籍、礼乐制度;其二,由伦理之说导出彩画、装饰、人为修养之义,与"质""实"对称,例如《论语·雍也》称"质胜文则野,文胜质则史,文质彬彬,然后君子";其三,在前两层意义之上,导出美、善、德行之义,例如郑玄注"文犹美也,善也"。"化"最初的本义为改易、生成、造化,指事物形态或性质的改变,后来又引申为教行迁善之义。

"文"与"化"的并联使用,最早见于战国末年《易经·贲卦·象》中的"刚柔交错,天文也。文明以止,人文也。观乎天文以察时变;观乎人文,以化成天下"。这段话里的"文",即从纹理之义演化而来,日月往来交错文饰于天,即"天文",亦即天道自然规律。而"人文"指的是人伦社会规律,即社会生活中人与人之间纵横交织的关系,其具有纹理表象。在这里,"人文"与"化成天下"紧密相连,"以文教化"的思想十分明确。

西汉后,"文"与"化"合成一个整词,此时的"文化"与天造地设的自然对举,与无教化的"质朴""野蛮"对举,故而,在汉语系统中"文化"的本义是"以文教化",即对人的性情的陶冶、品德的教养,属于精神领域的范畴。随着时间的流变及空间的差异,现在的"文化"一词已发展成为一个内涵丰富、外延宽广的多维概念,成为众多学科研究、阐发、争鸣的对象。

(二)文化内涵的选择和界定

由于文化的定义比较多,众说纷纭,所以我们对某个较为准确的定义进行评判时相对困难。在某个特定的范畴和含义下,每个定义都有其划分的类型,这在很大程度上造成了一定的局限或不足。譬如,泰勒对"文化"的定义,凯利就提出了以下批评:

第一,定义的方式存在显著的缺陷,这种方式根本不可能罗列出概念所包含的全部内容,对于那些没有被阐明的内容来说,会被人轻易漠视。例如,该定义中没有阐述"语言",而语言是文化的一部分,对文化具有重要的作用。

第二,整体一词运用不恰当,因为组成文化的各要素之间存在着矛盾,而强调整体仅仅突出了和谐、统一。

第三,人类所创造的文化,既有利也有弊,它可以改善生活,也会摧残生活,如核武器,而该定义只阐述了其积极作用。

1982 年世界文化政策大会上发表的《墨西哥宣言》称:"文化是体现出一个社会或一个社会群体特定的那些精神的、物质的、理智的和感性的特征的完整复合性。"美国社会学家戴维从抽象的定义层面对文化下了定义,即"文化是一个群体或社会共同具有的价值观和意义体系,它包括这些价值观和意义在物质形态上的具体化"。

我国最为权威的辞典《辞海》对"文化"一词定义为:"从广义来说,指人类社会历史实践过程中所创造的物质财富和精神财富的总和。"这个广义的文化包括四个层次:

其一,物态文化层,物化的知识力量构成了文化,其是人的物质生产活动及其产品的总和,是可感知的、具有物质实体的文化事物。

其二,制度文化层,人类在社会实践中创建的各种社会规范构成了文化。这些社会规范包括社会经济制度、婚姻制度、家族制度、政治法律制度,也包括家族、民族、国家、经济、政治、宗教社团、教育、科技、艺术组织等。

其三,行为文化层,文化依托于民风民俗的形态,具体表现在日常起居动作中等,带有显著的民族、地域特色。

其四,心态文化层,文化是人类社会实践和意识活动经过长期孕育而形成的价值观念、审美情趣、思维方式等,是文化的核心部分。

梁启超在《什么是文化》中称:"文化者,人类心能所开释出来之有价值的共业也。""共业"囊括了多个领域,例如社会的制度、组织、风俗习惯;认识的语言、哲学、科学、教育;艺术的文学、美术、音乐、舞蹈、戏剧;器用的生产工具、日用器皿;规范的道德、法律、信仰;等等。

以上定义内涵简要概括,外延广泛冗杂,体现着高度抽象性,基本包含了人类所有的创造,因此,我们在对文化研究时,不管站在哪个角度看,似乎皆被包罗其中。立足于本学科的研究,我们要"具体问题具体分析",根据研究目的、任务及范畴选取适宜的概念或内涵,同时依据学科研究的对象与目标,明确适宜的表述方式。

借助广义的或宏观的文化定义,我们将文化定义为:人类群体创造并共同享有的物质实体、价值观念、制度规范和行为方式的总和。文化定义的内部结构包含物质实体体系、价值观念体系、制度规范体系和行为方式体系四个层面。物质实体体系是人类物质生产活动方式及其产品的总和;价值观念体系是人类在社会活动中产生的思想、观念、价值及意识等精神产品；制度规范体系是人类在社会活动中行为的共同性与一致性的保障体系；行为方式体系是人类社会活动的行为方式、方法及模式等。①

人类的全部生产活动和生活活动体现着文化，同时文化也以某种或多种外显的方式再现。文化内部结构的各组成部分在生产活动与生活活动的每个层面或部分显露，而生产与生活活动的每个层面也是组成整个文化的单位或子系统。

人类与文化具有相互作用，人类漫长的生产与生活活动孕育了文化，相应地，文化是约束社会个体行为与发展的决定性要素。人类不仅顺应既成文化对个人的制约，还在生产与生活活动的过程中享用着文化成果。此外，人们通过生产与生活实践，从不同的角度对原有的文化进行着持续的改造与发展。

语言、符号和记载手段与文化发展紧密相连，互为一体。语言和符号都具有表意的性质，在人类的交往活动中皆发挥着沟通的作用。语言和符号也是文化积淀和贮存的手段，文化是在沟通和互动的情况下产生的，而语言和符号是交流的基石，文化多维的传授和反响也是在语言和符号的帮助下实现的。人类特有的属性是指利用语言和符号从事生产和社会活动，从而创造丰富多彩的文化。

没有了记载手段，文化无法发展到现今的局面。人类在生活实践中，需要记录一些生活内容，记载手段应运而生。记载手段是把符号印刻于某种物质上的实践活动，它是记载方式和记载工具的组成。譬如，岩画是一种石刻文化，在人类社会早期发展进程中，人类祖先以石器作为工具，用粗犷、古朴、自然的方法——石刻描绘、记录他们的生产方式和生活内容，是一种较早的记载方式，是人类社会早期的文化现象。换一个角度说，记载手段可视为人类对物质世界的挖掘、运用及创造的成果，无论哪种记载手段都依托于物质条件，因而，任何记载手段皆具有物质性。

二、休闲文化

（一）休闲文化的基本建构

休闲文化是宏观文化的构成要素，是文化表现形态的一个特殊领域，也

① 李相如，凌平，卢峰．休闲体育概论［M］．北京：高等教育出版社，2016.

是构建整个文化的根本单位或维度。假如人类文化是一个整体或系统，则休闲文化正是建构此整体的部分或子系统，从语义的逻辑关系出发，文化与休闲文化具有包含和包含于的关系。

假设休闲是人类的一种自由状态和生活形式，那么休闲文化就是人类这种状态与形式的外化表现的描述及抒发。于光远通过对国外许多思想者的观点进行归纳后认为："休闲就是文化的组成部分。"对此，我们可以理解为休闲是文化的组成部分和表现形式。人类在休闲活动中，既享用着文化成果，又持续地创造着新的文化成果。

国内学者马惠娣称："休闲文化是人在完成生活必要劳动时间后，为不断满足人的多方面需要而创造文化、欣赏文化、建构文化的生命状态和行为方式。"楼嘉君认为："休闲文化是人们在工作、睡觉和其他必要的社会活动时间以外，将休闲时间自由地用于自我享受、调整和发展的观念、态度、方法和手段的总和。"章海荣表示："休闲文化是指与休闲相关的一切人类活动及其表现，它包括休闲的内容与方式、休闲的功能、休闲的历史走向和休闲的民族特色等，其核心是休闲这一社会现象所蕴含的文化意义。"不论学者如何定义休闲文化，我们能够明确的一点是：休闲实际上是文化的一种特殊形态。与文化的其他表现形态相同，休闲文化也囊括了文化内部结构的四个层面，即物质实体体系、价值观念体系、制度规范体系和行为方式体系。

休闲文化的整体风貌从以下层面表现出来：

物质层面，休闲文化表现为："人们借助其业已形成休闲方式的物化形态的东西进行休闲，同时也在其休闲活动实践中创造产生新的物化形态的东西。"①这些物化的东西促使休闲的隐性文化，如思想观念、价值功能、行为方式和规范等外化显露出来。

价值观念层面，休闲文化是人们对休闲的解读、观点、态度及作用、功能等思想观念的体现，这种思想观念一般借助语言、文字及行为等方式展现出来。

制度规范层面，休闲文化体现在人们的休闲活动过程中所遵从的社会要求，这些要求以法律、规章制度、伦理道德、社会风俗等形式彰显出来，从某种意义上说，我们也可解读为社会对休闲活动的度的把握与掌控。

行为层面，休闲文化主要通过人们在休闲活动中的方式和方法表现出来，其是人的休闲活动的具体表现。

---

① 李相如，凌平，卢峰.休闲体育概论[M].北京：高等教育出版社，2016.

(二)休闲文化的特性

文化包含着休闲文化,休闲文化是文化的一部分,所以,与文化的一切组成部分一样,休闲文化也表现着文化所具有的全部特征。休闲文化的主要特征体现在以下几个方面。

1.休闲文化具有民族性

一个民族经过漫长的生产劳动和生活实践滋长了属于自己的文化,这种文化独一无二、不可复制,是该民族鲜明的文化特色。休闲文化是文化的一部分,无时无刻不彰显着民族性这个特质,不同的国家、不同的民族地区都有不同于其他民族特质的休闲文化。这种休闲文化伴随民族的发展而发展,自始至终都凸显着独具一格的民族性,且是该民族传统文化的构成部分。

居住在云南德宏州的傣族和景颇族,他们的休闲文化具有本质的差异。傣族视孔雀、大象为吉祥物,民间故事丰富多彩,他们喜欢依水而居,爱洁净,故有“水的民族”的美称,泼水节是其重要的一个休闲活动节日。在种类繁多的傣族舞蹈中,孔雀舞是人们最喜爱、最熟悉,也是变化和发展幅度最大的舞蹈之一,其风格轻盈灵秀,情感表达细腻,舞姿婀娜优美,是傣族人民智慧的结晶,有较高的审美价值。景颇族源于青藏高原的氐羌族群,故有“山之骄子”的美誉,其休闲活动也与山有关。景颇族人爱好音乐和舞蹈,尤其擅长集体舞,舞蹈一般有欢庆性的、祭祀性的和娱乐性的三种。景颇族有句家喻户晓的谚语:“要像狮子一样勇猛。”他们骁勇威猛、粗犷豪放,正是山之骄子的大山性格的彰显。

2.休闲文化具有地域性

地域文化一般是指特定区域源远流长、独具特色,传承至今仍发挥作用的文化传统,是特定区域的生态、民俗、传统、习惯等文明表现。它在一定的地域范围内与环境相融合,因而打上了地域的烙印,具有独特性。地域文化中的“地域”是文化形成的地理背景,范围可大可小。地域文化中的“文化”,可以是单要素的,也可以是多要素的。中国传统文化分为长白文化、齐鲁文化、中州文化、三晋文化、关陇文化、西北文化、吴越文化、荆楚文化、巴蜀文化、滇黔文化、闽台文化、岭南文化等。休闲文化是文化的一部分,因而具有区城的特性。譬如,喝茶作为一种休闲方式,在南方的福建、广东和四川其讲究各不相同,具有显著的地域差异。

3.休闲文化具有传承性

不管是一个民族还是一个地区，其文化都是在代代相传的基础上进行创新和发展的。文化传承机制的根本属性表现在以下几个方面：

（1）文化传承是一种社会强制。人的社会属性决定了人是社会群体的一部分，且受到特定文化氛围的长期熏陶，潜移默化、别无选择地接受着该文化，在这种本能的一代代承继中，形成了一种基因复制式的社会强制，这是文化传承的社会强制的体现。

（2）不同文化构成要素的传递就是文化传承，其传递方式有心理传承、语言传承、行为传承、器物传承等，其中最稳定最持久的是心理传承，文化传承的核心就是心理传承。对于民族共同体而言，心理传承一般是民族意识深层次积累的表现，是构成民族认同感的中枢，故而，民族共同体形成和发展的基础是文化传承。

（3）文化传承形成文化传统。文化传承具有稳定与模式化的特性及要求，文化主体通过价值选择而承接的文化会被社会接受，经过长期的延续与发展形成文化传统。

（4）文化传承机制蕴含着文化的选择机制。文化选择机制的特点是价值判断，这与文化传承机制相辅相成，且对传承机制的运作具有约束和推进作用，从而赋予文化阶段性、变异性的特质及时代特征。

休闲文化是文化的一部分，所以上述的根本属性也存在于休闲文化的传承性机制中，有些休闲方式甚至代代相传至今，虽然在传递的过程中不可避免地会受到来自时代变迁和发展创新的浸染，但那些休闲方式的根本模式几乎保有过去的面貌。

4.休闲文化具有时代性

文化是社会的反映，是一种社会历史现象，不同的时代赋予了不同特色的文化，这些文化随着社会生产方式及生产水平的发展而发展。毛泽东曾说："一定的文化是一定的社会的政治和经济在观念形态上的反映。"文化与休闲文化是包含和包含于的关系，因此休闲文化也具有时代性的特征。从某种程度上说，休闲文化的时代性比文化的其他领域更为超前。尤其对于如今高水平的社会生产方式和生产水平，自动化、新技术、新材料推进了社会物质生产水平的快速发展，也创造出了更多符合时代的休闲方式，并投身于生活实践中，休闲文化的这种时代性对社会的政治和经济也具有一定作用。

三、体育文化

体育文化，大而言之，是指体育运动本身所蕴含的、围绕体育运动所形成的一切物质文明与精神文明的总和；小而言之，是指体育运动某一方面的文明因素。具体而言，是以体育运动为核心所形成的各种物质的、精神的、制度的及行为的等各方面财富的总和。体育文化的主体是人类，是人类特有的社会文化现象和文明的成果，泛指人类在体育历史发展过程中所创造的物质财富和精神财富的总和。

体育文化是人类本身需求的特殊反映。它是人类在体育活动和体育实践中创造出来的，通过有形的身体形态、动作技能、运动器材、物质以及无形的与社会属性相关的意志、观念、时代精神以及相应的制度、规范等反映出来，显现了各具特色的存在方式。

体育文化与其他文化一样皆是对一个时代的反映，是特定的国家或民族特征的彰显。体育文化潜移默化地影响着人们的价值观念，规范着人们的体育行为。我国体育文化经过儒学的长期浸染形成了追求“仁义”“中庸”“统一”的精神价值，强调修身养性的内向性、封闭性与圆满性，极具中国特色。而印度的瑜伽是一个通过提升意识，帮助人们充分发挥潜能的哲学体系及指导下的运动体系，是一种达到身体、心灵与自然和谐统一的运动形式。

所谓体育文化，是一切体育现象和体育生活中展现出来的一种特殊的文化现象，也就是人们在体育生活和体育实践过程中，为谋求身心健康发展，通过竞技性、娱乐性、教育性等手段，以身体形态变化和动作技能所表现出来的具有运动属性的文化。与这种独特的身体运动有关的精神的、物质的、身体形态的及物态环境等构建了人类特有的体育文化形态。

体育文化具有以下特点：

其一，体育文化总是与人的体育活动及生活中的众多体育现象息息相关。

其二，体育文化是一定社会民族的、传统的及时代的根本特征的彰显，同时，这些体育文化也影响着人们的价值观念，规范着人们的体育行为。在这种民族性、传统性的基础上，体育文化表现着时代作用的印迹和发展演变的脉络。

其三，体育文化是在“体育”范畴中形成的一种文化，因其体育的性质彰显着国际化的特征。不同国家的民族体育文化或地域体育文化在国际化的路途中映现出互为融合的趋势，尤其是在物态维度上，趋同和融合的趋势特别明显。

其四，体育文化是人类社会文化的一个构成部分，人类社会其他活动领域的发展影响并制约着体育文化的孕育与发展。体育文化具有文化的共性，但也有其独特的个性，它有自身发展和变化的规律，具有相对独立的特性。

其五，不同民族与不同地域形成了各具特色的传统文化和民俗文化，在其作用下，不同民族与不同地域的体育文化也表现出一定的差异。譬如，受地理环境的影响，北方人体型较为高大，体力较为充沛，善于摔跤和马术，而南方人看起来相对娇小、比较灵活，善于技巧性运动；北方人因为个子高、力气大及性格上的特征，表现出较多的个性化项目的属性等，而南方人因为身体单薄，需要比北方人更多的相互协作，因此在体育运动中表现为集体项目的倾向。

其六，体育文化具有历史性和继承性。现如今的体育文化经过了长时间的历史积累，且在文化与历史的传承中不断地再创造和发展。例如，现代奥林匹克运动自恢复后经过 100 多年的发展，已成为世界上无与伦比的最广泛的社会文化现象。现代奥运会精神文化的设计是对古奥运会的简单继承和发展。

第二节　休闲体育文化

一、休闲体育文化简述

（一）休闲体育文化的建构

体育文化是在人们的长期体育实践中产生的一种文化现象，因而，在体育文化中必然包含了两个重要基础：一是文化，二是体育。体育文化最终是文化的一部分，同时也应该以体育活动本身为第一素材。休闲体育文化不是一种完全独立的文化体，而是建立在休闲文化和体育文化两个文化维度基础上的一种特殊的文化形态，具有交叉和复合的特征。图 2-1 是休闲体育文化的基本建构图。

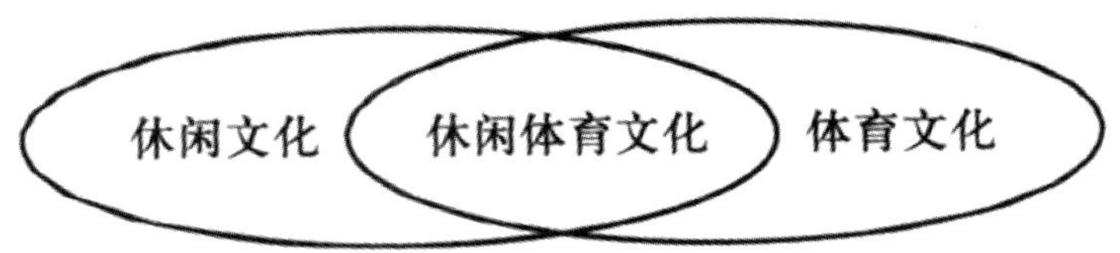

图 2-1 休闲体育文化建构

从图 2-1 中可以看出,休闲体育文化是休闲文化和体育文化的交叉部分,是休闲文化与体育文化的复合部分。休闲体育文化的一部分内容来自于休闲文化,另一部分内容来自于体育文化,其包含在休闲文化和体育文化中。

虽说休闲体育文化是建构在休闲文化和体育文化两个维度基础上的一种复合文化,仅仅占据人类文化内容极小的一部分,但作为一个相对独立的整体来说,其内在的结构涵盖了文化的四个基本层面。换言之,体育文化作为一个子系统,其完全带有与文化母系统同样的结构成分,同"麻雀虽小,五脏俱全"的道理一样。

随着人们物质生活的不断提升,体育文化有了更多的发展和进步。伴随休闲生活日益受到人们的追逐,体育运动以愉悦、休息、放松为主要目标,带有积极、自由的主观态度进入了我们的休闲生活中,成为了人们健康休闲最具活力、最有发展性的生活方式,休闲体育应运而生。休闲体育文化是新时代下的一种文化形式,具有群众的广泛参与及价值的发挥性等特征。休闲体育文化是在人类社会发展过程中产生的文化形体,对于促进社会功能的发挥具有重要意义。

(二)休闲体育文化的定义

根据以上对休闲体育文化建构的理解,我们应遵从根本的逻辑关系,即属种关系定义休闲体育文化。属种关系又称真包含关系,是指一个概念的部分外延与另一个概念的全部外延重合的关系。在这里,休闲体育文化是种概念,休闲文化和体育文化是属概念,因而,休闲体育文化的外延应全部被包含在休闲文化和体育文化的外延中。从宏观的角度出发,休闲文化和体育文化都隶属于文化,都是文化的一个构成部分,只是文化的表达维度不同,所以,在思考休闲体育文化定义时,更应以文化定义的范畴作为参考对象。

依据文化的定义为参照,休闲文化、体育文化及休闲体育文化的全部外延都应当被包含在文化之中。遵循逻辑要求,休闲体育文化的定义如下:"休闲体育文化是人们通过体育运动的方式,在休闲的实践过程中创造并共同享有的、关于这一社会现象的物质实体、价值观念、制度规范及其行为方式的总和。”①依此定义，我们将休闲体育视作一种社会文化现象，一种被囊括在休闲文化和体育文化之中的文化现象。休闲体育文化是休闲文化和体育文化的一种表现方式，文化的基本架构——物质实体、价值观念、制度规范及行为方式等是构建休闲体育文化表现方式的所有内容，这些组成要素共同构成了休闲体育文化。

二、休闲体育文化的主要层面

休闲体育文化是文化一个极其微观的层次，即是文化的一个操作层次。尽管休闲体育文化是文化下属的一个极小的级别，但其也是一个独立的整体，从基本结构的角度观之，休闲体育文化涵盖了文化结构四个层面的内容。

（一）物化层面

在物化层面上，休闲体育文化的内容丰富多彩，囊括了构建一切体育活动项目的场地器材、设施设备等人造物以及按照体育活动的需要被改造的自然物，一般依据这些物质的功能进行命名和划分。例如，体育馆、球场、球拍、球杆等人造物与专门器具，游泳池、高尔夫球场、滑雪场、漂流场等被改造的自然物。

体育是人类运动本能和社会化改造完美融合下的结晶，是文化的物化形态在人类社会实践活动中理想展现的方式。在体育运动的过程中，人在自然世界和人造世界中通过自己的运动改造自身的有机体，在体育运动的过程中，人不仅享受着运动的环境条件、运动场地器材等物态文化的成果，还对物态文化进行着持续的再创造。

（二）价值观层面

在价值观念层面上，休闲体育文化的内容主要包括人们的休闲观和体育观、人们对休闲体育功能的了解和定位以及人们对休闲体育所具有的各种价值的解读等。人们积极投身于休闲体育中，这实际上是人们对体育的态度和看法在行为上的反映，体现了人们对体育的功能、价值的认识。这种参与性也是人们对休闲价值的领悟，反映了其对休闲方式选择的倾向和态

① 李相如，凌平，卢峰.休闲体育概论［M］.北京：高等教育出版社，2016.

度。人们在参与体育活动的过程中,既强化了对体育的认识,还在实践活动中不断挖掘、建构和更新着体育的价值体系,促使体育在现代社会中持久发挥功能。

(三)制度规范层面

休闲体育从不同的视角彰显着社会制度规范体系的特征。

其一,休闲体育是对社会规定余暇时间的反映,是对社会劳动生产制度和社会发展水平高低的反映,是社会对人们行为评判倾向的反映。

其二,体育法规是人们参与休闲体育的最高法律准则,是社会对公民具有体育参与权的规定与切实保障。

其三,为了确保活动者可以享有同等活动权利,使活动参与者在共同活动中受益,每一种休闲体育活动项目都有活动方式和规则要求。统一而明确的活动方式和规则要求规范了休闲体育参加者在活动中的行为,这种行为规范和严格的法律法规要求不同,其严格性与庄重性并不高,促使不同的个体有了共同游戏的可能,具有相对的公平性。

(四)行为方式层面

体育活动很早就以一种运动性的休闲方式应用于休闲活动中,具有相当长的一段历史。体育活动较之人来说本身就是一种行动,与其他被应用于休闲活动的方式不同,这种行动一方面,是人的自然属性的反映,即以人的特有方式进行运动且满足着人的本能的运动需求;另一方面,这些活动的内容都是被社会化了的运动方法,可以满足人的其他的社会性需求。[①] 所以,休闲体育其实是社会文化的表现形式之一。在闲暇时间通过积极的运动可以彰显人的价值取向,是个人对体育运动认识和理解的彰显,也是个人积极的生活态度的彰显。

总而言之,休闲体育文化是休闲文化和体育文化必不可少的构成要素,社会文化孕育了休闲体育文化,社会文化的构建也离不开休闲体育文化的增砖添瓦。

三、休闲体育文化的发展过程

从历史发展视角观之,“休闲体育”这一概念的产生是人类社会进步到

① 李相如,凌平,卢峰.休闲体育概论[M].北京:高等教育出版社,2016.

现代文明时代的成果,现代社会的大环境滋长了休闲体育的产生和演变。对于休闲体育这一概念所表述的事物而言,其在人类社会中很早就已经存在,且与人类的发展具有同步性。这个事物其实就是我们所说的运动性游戏,一种自发性的人的本能活动,其是人类休闲活动之祖。

在人类成长的进程中,运动性的游戏活动最初凭借的是自身肢体运动的方式,日渐发展成运用一些特殊工具的方式,如狩猎工具;经过很多年的流逝,渐渐成熟的人类开始为自己的运动游戏设计专门的器具,这个时期,我们看到了现代运动或体育的雏形。由此看来,运动性游戏的演化发展过程,与人类的文明与文化的发展过程紧密相连。休闲体育具有旺盛的生命力,它由原始的、以肢体运动为根本方式的游戏活动发展成如今以各种人造器物为活动媒介的休闲体育,这个过程是休闲体育文化的物态发展过程,是不同时代行为特征的展现。

很多研究表明:"在各种社会活动尚未分化之际,其都是人类的'休闲活动'。"在那样的处境下,除了采摘、狩猎等与生存息息相关的活动外,其他的活动基本都可视为今天意义上的"休闲活动"。这就是为什么学者在对某种文化现象的起源进行研究和解读时,总是将最原始的休闲方式——游戏活动看得特别重要的原因。伴随社会的发展与人类文明的进步,各种休闲方式在长期的演变与发展下成了如今的"休闲活动"。综上所述,"休闲活动"对人类社会的存在有必然性,而休闲方式的分化成为各种社会活动存在的基础和发展的主要途径。

在狩猎采集的时代里,人们主要凭借简单的手段来获取大自然馈赠的东西,从而维系生存。在那个时期,物质条件十分匮乏,无法创造出种类繁多的休闲方式,因此,原始的人们在劳动和满足生理需求后的时间里,会采取和其他哺乳动物几乎同样的行为方式来娱乐自己。这些行为方式一般和人类的生存劳动方式紧密相连,休闲活动主要以生存劳动中的技能技巧为其方式。

在农业为主的社会里,定居生活和农耕养殖活动促使人类的文化快速发展起来。生产方式的进步改变着人们的生活方式,庄稼的生长周期促成人类的活动具有一定的节律,日渐出现了忙闲交替的生活节奏,劳动以外的其他社会活动及生活活动渐渐增多。消磨闲暇时间的方式方法逐渐与劳动技能技巧带来的影响相互分离,极具想象力与创造性的休闲方式开始进入大众闲暇的活动中。此外,在农业时期里,人类社会还有劳动以外的其他社会活动,譬如宗教仪式等,这些社会活动的某些富有象征性的活动形式被运用于休闲方式中。

工业革命是人类四肢的延伸与力量的扩展,它促进了生产力的发展,促进了生产关系的变化。新的生产方式根本性地改变了人类的生活方式，打破了近万年来农耕养殖活动所形成的人的相互关系与生活方式的格局。新的生产方式将人们聚集在一定的环境中，城市化、有特殊节奏的生活方式成为工业革命后人类生活的主流。休闲活动的根本方式与工业产品的联系日趋紧密，创造出了很多新兴的、人文的、特殊的休闲活动方式。这些活动方式凭借自然环境及人造的工具、场地和器材，与长期性、不可分割的劳动、军事等技能相分离，形成了人类社会中独立存在的休闲方式体系。在这个历史阶段，运动性的休闲活动表现出了被创造且逐渐得到传播的特点。我们今天所参加的某些运动项目，其实都是工业革命后的产物。

芬兰社会学家尤卡·格罗瑙的研究表明："在后工业时代，由于社会生产方式和生产水平的发展，人类社会成为一个超越了短缺的社会，一个被认为是富足的社会。""被认为是富足的社会里"，大多数人都具有较高的生活水平和生活质量，他们具有充足的物质条件和可供消费的自由时间，因而，人们在其价值观的作用下，会挑选自己喜爱的或适合自身的休闲方式。在物质生产水平高度发展的社会时期，体育物质层面的内容已十分丰富，人们对休闲体育的态度及其功能与意义的认识决定了其是否会积极投身于休闲体育中。此外，在休闲体育发展的过程中，社会在制度层面对体育的规定与支持，不容小觑。

四、休闲体育文化的特点

休闲体育文化不仅有文化和休闲文化所具有的民族性、地域性、传承性和时代性等本质特征的共性，还具有其自身的、有别于其他活动的个性，具体体现在以下几个方面：

其一，现代休闲体育文化具有领先性特点。休闲体育是社会生产水平发展的产物，当今生产条件十分优越，出现了很多新材料、新技术和自动化的高科技产品，而现代休闲体育的物质器材大部分都运用了高科技成果，造就了现代休闲体育的物化水平远高于休闲的其他领域，在整个休闲领域中比较突出，占据领先位置。

其二，现代休闲体育文化具有跨文化特点。休闲体育活动种类繁多、兼容并蓄，既有现代的、传统的，也有国内的、国外的。体育项目的国际性特点决定了休闲体育文化的跨文化特征。体育活动不论发源何地，不论具有何种文化背景，只要能够满足人类的双重需求，就会被大众所认可和接受，被视为一种文明、健康的休闲方式。

其三，休闲体育文化具有直接参与性特点。休闲体育直接参与的特征是其他很多休闲方式所不具备的，直接参与指的是身和心皆投入其中。在体育活动中只有完全投入身和心才能产生满足双重需求的效用，通过自身机体的运动产生出切身的体验和心灵的感受。所以，休闲体育文化总是在个人亲身参与的过程中实现积累和外显，即每个参与者就是休闲体育文化的体验者和创造者。

其四，休闲体育文化具有自娱自足性特点。休闲体育活动是一种附属于自己身体的活动，如果能够很好地完成基本活动的动作，那么在活动中就可以享受从肌肉到身心的愉悦。在很多情况下，休闲体育行为层面上完全不能将参与者从活动中获得的满足感、自由感及愉悦感表达出来，有时仅仅用眼睛来体验某些休闲活动的过程，可能会给人造成一种艰难和痛苦的错觉，只有通过亲身参与和体验才能从中得到轻松与愉悦享受。

五、休闲体育文化的价值概述

（一）休闲体育文化价值的依据

休闲体育文化的价值是客观存在的，其存在与否及存在高低不依托于人们对它的认识。从总体来讲，休闲体育文化的价值与人自身的发展及社会和文化的发展成正比。人的发展水平和社会的发展水平低，那么休闲体育文化的价值也低；相反，人的发展水平高，社会发展和文明程度高，那么休闲体育文化的价值也高。未来社会，休闲体育文化与人之间的互动关系将更为密切，现代及未来休闲体育文化的一个重要价值表现在，对人性发展过程而言，其能革除不利于人类自身发展和社会进步的属性。

（二）休闲体育文化价值的表现

休闲体育文化是一种身体娱乐的方式，一套休闲体育的动作的文化价值自诞生起就已经成为整个文化价值的有机组成部分，成为一种客观存在的实物，会对接触它的人们产生必然的影响。人们会自然地去认识和感觉休闲体育的动作，对其价值做出一定的评价，通过这些评价人们会发现它的文化价值，即使没有评价，它的价值也依然存在，只是文化的自在价值，还没有被人们所了解和认可罢了。

1.自身价值的实现

现代的人们承受着来自物质和精神多方面的压力，常常会感到身心的疲累,这时通过休闲体育活动进行压力释放,不失为一种明智的选择。人们在选择休闲体育活动时,为了满足身体和心理的双重需求,通常会依据自身的爱好和契合度进行挑选,以此在活动的过程中有效地发挥自身的优势,使身心得到充分的满足。此外,休闲体育文化不具备竞争性,人们没有胜负的压力,能够使自己的水平得到正常或超常的发挥。总的来说,人们在休闲体育文化活动中有助于实现自身的价值。

2.缓解精神压力

生活中的各种压力造成人们身心俱疲,随着"全民健身计划"的深入,人们越来越倾向于体育活动带来的压力释放,通过身体的运动,得到汗水肆意挥洒后的舒爽与满足。休闲体育活动种类繁多,人们可以随意进行挑选,不会受到竞争所带来的压力。虽然休闲体育活动有其自身的规则和要求,但并不严格,它与竞技类体育不同,对胜负并不十分的看重,因此,对于精神压力大或存在不良情绪的人来说,会出现兴奋的精神状态,具有释放压力的作用。

(三)休闲体育文化价值的异化

当今社会在物质极大丰富的同时却在一定范围内出现了文化焦虑的现象。"自觉地意识到文化对于人在生存所具有的安身立命的意义时,人们已经清楚地看到文化的危机性、悖论性的困境;或者说,当人们通过文化的自觉开始从自身确定生存的依据时,却惊讶地发现了人类自己的自觉或不自觉的行动和生存活动正在破坏着这个基础。""文化的危机性的、悖论性的困境"在某种意义上就是文化异化的反映。

第三节　休闲体育文化与生活方式

一、生活方式概述

生活方式是一个内容相当广泛的概念,它包括人们的衣、食、住、行、劳动工作、休闲娱乐、社会交往、待人接物等物质生活和精神生活的价值观、道德观、审美观,以及与这些方式有关的生活模式,可以理解为在一定的历史时期与社会条件下,各个民族、阶级和社会群体的生活模式。总而言之,生活方式是一个社会的价值目标、评价标准及生活资源的配置方式的体现。

生活方式是社会整体结构及其运行状况具体而生动的反映形式，是一个内容丰富、层次复杂、形式多样、内在联系密切的领域。生活方式可以理解为不同阶层人群在其生活圈、文化圈内所表现出来的行为方式。生活方式是生活主体同一定的社会条件相互作用而形成的活动形式和行为特征的复杂有机体，生活活动条件、生活活动主体和生活活动形式是其基本构成要素。生活方式是人社会化的一项重要内容，决定了个体社会化的性质、水平和方向。生活方式属于历史的范畴，随着社会的发展而变化。

马克思说："生产方式即保证自己生活的方式。""人们生产他们所必需的生活资料，同时也就间接地生产着他们的物质生活本身。"生产方式是人类社会赖以建立的基础和发展过程的起点，没有物质资料的生产，就谈不上人们的生活活动。反过来说，假如没有人类满足自身生存、享受和发展需要的生活活动即一定的生活方式，也就没有人类自身的生产和再生产，整个社会的发展也就没有可能性而言。生产方式是人类满足需要的方式，它影响着人的生活方式。不管是生产方式还是生活方式，严格来说，皆是人类文化的构成要素，是人类文化的一种表现形式。对人的生活方式的本质属性而言，任何生活方式都可以是人类文化的产物。

生活方式不是一个抽象的概念，人的多种多样的具体活动组成了一定的生活方式，这些活动总是借助于一定的形式和方法进行。对于某个层面而言，与其说生活方式的差异是活动内容上的差异，还不如说是活动方式上的差异造成的，也可以说是选择和运用活动方式的过程中形成的。

不同的社会、不同的历史时期、不同的阶层及不同职业的人，其生活方式皆不尽相同。对个体而言，生活方式的产生和发展都会受到当时社会的文化与文明发展水平的影响，受到时代与社会所造就的生产方式的影响。因为生活方式是人的时代文化下的产物，所以生活方式的建构会触及人的生活的各个角落。人的生活方式的构建会受到其思想意识、价值观念、道德规范、行为特征、社会地位及收入水平的影响，这样的后果使每个人的生活方式都会出现多多少少的差异。换言之，一定时代的文化与文明会制约一个人生活方式的整体或结构模式，而个人则是结构具体内容的决定者。

（一）健康生活方式各要素

生活方式与人们的健康息息相关，生活方式的变化包括生活内容、生活领域和生活节奏的改变，这些变化都会引起个人乃至社会的健康问题。生活方式的改变可能会给健康带来积极或消极的影响。曾经有一报道："某发达国家由于财政原因决定停止研制某种飞机，致使数以万计的工程技术人员和工人失业，给许多家庭造成了经济及情绪的紧张。”美国流行病学的医学调查表明：生活方式是影响人们健康的首要原因。美国20世纪70年代的死因构成中，来自卫生制度方面的原因占10%；来自生理因素和环境因素的均占20%；而来自生活方式的原因则高达50%。可见，拥有健康的生活方式尤为重要，而健康的生活方式往往体现在良好的行为习惯、合理的生活时间、和谐的生活节奏、合适的生活空间及理性的生活消费，而这一切要素往往与休闲体育活动紧密相连。

（二）行为习惯是生活方式的重要组成部分

行为习惯是生活方式的重要组成部分，也是生活方式的外部体现。良好的行为习惯有助于人们的身体健康，积极调动人们对体育的参与；不良的行为习惯会降低人们的健康水平，抑制人们对体育的参与。据调查，美国每年约有200万人死于不健康的生活方式，主要表现为酗酒、吸烟、吸毒、生活无规律、营养失控、体育运动不足等，其中不良的饮食习惯和极度缺乏体育运动已成为美国某些人死因的第二位。特别是那些超重或肥胖的人，在极度缺乏体育活动下会比一般人的健康水平或死亡率高。

人们对体育的偏爱、人们的体育习惯和体育行为是生活方式的重要构成因素。随着全民健身计划的深入及闲暇时间的增多，越来越多的人参与到休闲体育活动中来，这有利于形成良好的行为习惯。

（三）快节奏的生活方式

随着人类对自然界广度和深度的开发，人类社会外部环境日益“人化”，社会自身结构更加的复杂多样，社会运动的时间节奏越发表现出由慢到快的演变趋势。生活节奏加快的积极意义在于提高了生命的效率，使尽可能多的社会成员经过高速地协调配合，为社会创造出更多的物质财富和精神财富。然而，生活节奏的加快，确实对不适者造成了很多健康方面的问题，快节奏的生活使人们的心理愈加浮躁，感情愈加冷漠。现代生产方式中高技术的运用常常忽略了人们情感的平衡；单调、机械的工业生产往往让人情绪不佳，感到乏味、空虚；现代生活方式使家庭逐渐缩小，导致亲属间情感疏远，引起很多情感冲突。体育运动和娱乐活动是一种极富感情色彩的活动，是人们在调整、顺应新生活节奏时的重要辅助手段，其能够帮助人们克服对快节奏生活的抵触、怨烦及焦虑等心理障碍；能够稳定心理情绪，缓解外界带来的紧张和压力；增强人们在快节奏生活中的自信心。不仅如此，在活动中，人与人之间的交流和互动加强，身心均得到放松和愉悦，是人们心理的调节器。

二、生活方式结构中的休闲活动

(一)休闲活动在生活方式结构中的意义

生活方式的变化与确立,与人们的生活需求和人们的思想观念息息相通。构成生活方式的基本要素包括生活活动条件、活动主体和活动形式,而活动条件又包括很多因素,从个人条件看,包括个人的劳动条件、收入水平、社会关系及闲暇时间的占有量和利用状况等,其中闲暇活动是重要因素。我国休闲专家马惠娣表示:“休闲是指已完成社会必要劳动之外的时间,它以缩短劳动工时为前提,劳动工时的缩短会使劳动时间更紧凑,劳动条件更好,休闲活动更丰富,对劳动产生更有益的影响。”

依据“生活方式是指人们为生存、发展和享受所进行的一切活动”这一定义,我们可以得出:生活方式的一个重要组成部分是休闲活动,其是个人生活所具有的,更倾向于个人选择的生活内容,是个人的道德修养、素质水平、情感倾向、价值观念及生活态度的外在彰显。国外相关研究已证实:休闲活动是现代人生活方式的重要组成部分,当社会发展到一定程度时,休闲活动就会成为人们日常生活中不可或缺的一部分。

马克思指出:“一个种的全部特性、种的类特性就在于生命活动的性质,而人的类特性恰恰就是自由的自觉的活动。”假设每个人的生活方式中总是存在着某些确定的内容,则最能彰显个人特色或最能反映活动者个人品质的活动常常就是休闲活动,这是因为休闲活动是人的“自由的自觉的活动”。

自人类社会日渐形成各种社会规则、阶级及阶层等各种制约关系后,人生的多种方面、生活的不同领域,其行为及活动方式均受到了影响与制约。现代社会学研究称:“个人是自然因素和社会因素的有机结合体,社会身份是个人的社会存在形式。”个人身处社会关系的性质及个人与他人发生关系的具体情况主导了个人的社会存在形式。人们总是带着某种社会角色的标签生活在社会中,其必须遵从这样或那样身份的行为规范来接人待物,也总是接受着种种压力和制约。因此在大部分社会环境中,在外部社会环境的压力下,个人的社会活动在遵循社会要求和准则的同时也得以实现。

在自由的、没有外在强制和压力的前提下,人们可以真正地、比较全面地展现自我,展现个人的兴趣和爱好,同时采用某种活动来满足自身的需要。处在现代社会的大环境中,就社会个体来讲,在自己可以自由支配时间的基础之上,才能较为自由地、避免社会压力地参与个人偏爱的活动。对自由处事的渴望,几乎是每个社会人的根本需求,而休闲活动的本质正是满足这种需求的根本形式。拥有自由时间和怎样度过自由时间差不多同样重要,所以,我们不能说有了自由支配的时间就可以实现需求的满足。自由支配的时间受到社会发展水平及个人社会生活状态的影响,而怎样度过自由时间受到社会存在和个人选择的影响,其实,怎样度过自由时间的表现形式就是休闲的方式。

社会学家德玛斯蒂尔侧重休闲活动方式的多样性,他表示:休闲活动方式是"在尽到职业、家庭与社会职责之后,让自由意志得以尽情发挥的事情,它可以是休息,可以是自娱,可以是非功利性的增长知识、提高技能,也可以是对社团活动的主动参与"。依循这样的表达,我们可以理解为:在自由时间里自发从事和进行多样休闲活动的方法与形式就是休闲活动方式。个人的生活态度、生活观念和价值观通过休闲活动方式得到完美的彰显。

休闲活动方式随着人类社会的发展,日趋成熟和多样。不同的场合或不同的情境我们均可以看到休闲活动方式的影子,更为显著的是,休闲活动方式渐渐成为衡量人们社会地位及个人品位的工具。不同社会阶层的人一般具有不同的生活方式,往往参与不同的休闲活动,同样,他们的休闲活动方式也常常不同。

(二)休闲活动方式分类

休闲活动分类的方法五花八门、分类的标准不尽相同。因为休闲活动的时间、场地、功能及活动形式等的不同,其常常具有多种类型。以法国休闲学专家罗歇·苏的观点和分类手段为参考,结合我们自己的认知与解读,本书将社会休闲活动分为运动性休闲活动、实用性休闲活动、文化性休闲活动与社交性休闲活动四大类。

1.运动性休闲活动

以身体活动或体育学术语"身体练习"为基本形式,以健身、娱乐、消遣、放松和探寻刺激等为主要目的的社会休闲活动就是运动性休闲活动。活动者的身体一般是运动性休闲活动的客观对象,即活动主体的有机体。

运动性休闲活动的内容和形式极其广泛,它囊括了从基础的散步到运用各类高科技器材的运动。就这类活动的特征而言,身体的特属运动几乎占据了它的主体部分,我们一般将"身体的特属运动"称作体育运动。此外,大众性的舞蹈活动是一种相对重要的运动性休闲活动。

罗歇·苏表示:"运动性休闲活动与'传统意义上的体育运动'或者竞

技体育(当然也包括那些带有强制性和规定性的体育活动)是有区别的,‘它既不是通过比赛追求成绩,也不是以崇拜力量为目的;它既不要求遵守刻板的规则,也不要求有规律的强烈训练,而是通过非形式的、自发的体育活动,追求身体的放松和舒服’。”然而,罗歇·苏的观点已被现代运动性休闲活动推翻。伴随社会的高速发展,人们生活水平得到大幅度提高,对生活质量也有了更高的要求。强身健体、塑造体形、挑战自我、探寻刺激、标新立异及寻求社会归属、社会认同和社会交往等,已成为现代社会人们参与运动性休闲活动的目的。故而,当今的运动性休闲活动已经脱离了各种形式和内容的束缚,仅仅取决于人们对休闲体育文化的意识和解读。

据相关调查得知,在诸多的运动性休闲活动形式中,具有体育性质的休闲活动形式最少占了80%以上。可见,在现代社会中,体育类休闲活动不论是形式上还是内容上,皆在现代人的休闲活动中占据重要地位,具有不可撼动的优势。

2.实用性休闲活动

所谓实用性休闲活动,就是一类家庭生活与体力劳动相结合的、具有生活意义的社会休闲活动。它的实用性特征较易与家务劳动混为一谈,实质上,此活动一般是在自由的时间里开展,在个人的家庭生活中发挥着某种实际意义上的作用。就行为者角度来说,实用性休闲活动是一种自由、创造、审美与娱乐的融合,并非真正意义地、强制地要求完成的家务劳动。家庭园艺、小家具制作、内部装饰与针织缝纫等,就属于实用性休闲活动的范围。其一,这类活动有助于美化家庭,给生活的小环境制造温馨、舒适的氛围;其二,这类活动的成果不需要被拿来进行对比,相对容易的赋予劳动者成就感;其三,这类活动不需要掌握较高的技巧和消耗较大的体能,比较适合那些不爱户外运动或不善于和他人交往的人。

3.文化性休闲活动

将观看、收听、阅读文化产品视为主要形式的社会休闲活动就是文化性休闲活动。此活动主要借助活动主体的视听感官来感受社会文化成果,其包括看电视、看电影、看书、看展览、欣赏各种文艺—体育表演、音乐会及收听广播等。

文化性休闲活动一般是一种情感参与性的活动方式,活动者在进行活动时很少发生身体活动,他们将自己代入活动的情景中,从思想上、情感上积极回应活动对象。文化性休闲活动可以开拓人们的视野、丰富人们的学识、陶冶人的情操,使人的情感活动更为丰富,令人十分愉悦地度过闲暇时光。

4.社交性休闲活动

社交性休闲活动指的是以人际关系占主导地位的休闲活动，是人与人之间相互作用的活动。其形式丰富多彩，诸如喝茶、喝咖啡聊天，参加某个俱乐部或协会的活动等。

社交性休闲活动一般具有很多专门且特殊的场合，如茶馆、咖啡厅、酒吧等，现代社会和现代科技也创造了一些新型的活动场合，如网吧等。社会性休闲活动主要以互动的方式，依托于语言、表情和形体等向他人表达自己的观点、感情等，也从他人的语言、表情和形体等获取自己感兴趣的信息。

社交性休闲活动本质上是人的一种社会化的活动，人们借助这类活动，一方面，促进了自己与他人的沟通，增进了人与人之间的联系，可以比较有意义地度过闲暇时间；另一方面，在互动的过程中可以获得更多的社会信息，以便使自己更加了解社会，更加适应社会。

（三）倡导健康文明的休闲方式

现如今，休闲活动早已进入寻常百姓家，由于人们的社会经济资源存在着差异，其需求是多方面、多层次、多样化的，所以，生活方式也是多方面、多层次、多样化的。休闲与社会生活方式息息相关，故而，休闲活动的内容也具有多层次、多样化的特点，休闲活动的内容有高低与雅俗之分，有高级享受与低级享受之别，就休闲价值而言，精神文化层面带给身心的益处影响要高雅得多，值得加以倡导和推广。

生活方式的多样化，是经济发展和社会进步的结果。开放的社会环境，富裕的物质生活，宽松的文化氛围有利于社会主义市场经济的发展，增强了人们的竞争意识、效率意识、民主法律意识和开拓进取的精神，增加了人们的独立性、选择性、多变性和差异性。然而，改革开放和市场经济对社会生活方式的消极影响不容忽视：个人自由度增加，社会交往规则出现了无序化倾向，社会信任度降低，利己主义、享乐主义泛滥，封建主义的落后风俗也抬头蔓延。社会主义精神文明建设的一条重要任务要求我们，必须倡导文明、健康、科学的生活方式。马惠娣的《中国公众休闲状况调查》显示：从总体上看，被调查城市居民的闲暇时间显著增加，闲暇时间数量和闲暇活动质量相比，后者是薄弱环节。闲暇活动的单调、活动种类不丰富和趣味不高雅，仍是当前存在的主要倾向。所以，如何开发“以闲暇时间形态存在的社会资源”；加强国民的休闲生活教育，充分认识“闲暇时间”的价值；营造科学、健康、文明的休闲生活的社会氛围，依然是今后相当长时间内的任务。

生活方式是社会主义精神文明建设的重要组成部分,社会能否良性运行和充满活力,归根结底取决于它能否向人们提供符合人的本性与发展的生活方式。倡导"以人为本",强化人的重要性,必须要具备社会责任感,要遵守社会公德和公民道德;必须将个人利益与社会的、国家的利益相协调相结合;应当弘扬文明、健康与科学的社会生活方式,抵制和批判丑陋且落后的生活方式。人们喜闻乐见并热衷参与的健身活动是健康文明的生活方式的一个重要部分,应予以大力的支持和提倡。

三、休闲体育——健康生活方式的基础

现代社会,尤其是现代城市,工作方式和生活方式均已发生根本性的变化:脑力劳动逐渐代替体力劳动;交通工具代替步行;家务劳动也被社会化和自动化,身体活动的机会越来越少,通常在工作之余的闲暇时间内才有可能进行身体运动。因而,运动性的休闲活动已成为很多现代城市人的一种潜在化需求。

(一)现代"文明病"的蔓延

科技的进步促使脑力劳动者的比例显著增加,致使"办公室综合征"的产生和增多;高强度的工作不得不使人们长时间保持精力集中,导致精神的极度疲劳;现代化的机械大生产,使高效率生产线上的人们长期重复着单一的劳动,造成局部肌肉的疲劳与僵硬;饮食中糖类与脂肪等食物的大量摄入,导致糖尿病、高血压和心血管疾病等发病率明显上升。适宜的休闲体育活动是保持健康、推动人体向健康状态演化的重要途径,休闲体育活动可以缓解精神疲劳及局部肌肉的僵硬与酸痛;长期坚持休闲体育活动能够增强人体免疫力,减少疾病的发生。运动医学证明:长期坚持运动的人,60 岁时的心血管系统的功能大概相当于 30 岁左右不锻炼人的水平。

(二)心理问题的凸显

工作压力的增大、城市化进程中生活空间的封闭及人与人之间情感交流的缺失等一系列问题促使心理问题的凸显,成为影响人类健康的隐性毒瘤。轻度的心理问题可能会引起抑郁、乏力和记忆力减退等症状;严重的心理问题会导致心理疾病的产生。休闲体育活动可以提高人们的心理适应能力,坚持参加休闲体育活动,有助于增强心理的承受能力,较好适应多重社

会角色。

(三)休闲体育活动的必要性

相关研究显示:在闲暇时间参加适度的体育活动,有助于消耗人体多余的热量,有效防止因热量积累而产生的肥胖;可以消耗血液中糖的含量,降低血糖浓度,起到预防和治疗糖尿病的作用;可以释放压力,舒展酸痛僵硬的身体,促进血液循环;可以健康且愉悦地度过闲暇时间等。由此可见,休闲体育是应对现代“文明病”的有效手段,是形成健康生活方式的基础。

我国学者经过实验后发现:坚持一个月每天练习 40 分钟的太极拳,某老人血液中具有抗动脉粥样硬化作用的高密度脂蛋白显著上升,从锻炼前的 56.4mg/dl 提高到 67.4mg/dl。芬兰学者卡沃宁也表示:老年人经过一段时间锻炼后,血液中胆固醇会明显减少。实验证明,科学且适度的运动,会使身体承受一定的体力负荷,有助于人体内物质的代谢强化身体各器官系统的机能。

世界卫生组织提倡不吸烟、饮酒少量、锻炼身体和平衡膳食四大健康生活方式。这四大健康生活方式从内容讲,只涉及了饮食、嗜好和运动三个方面,没有触及生活方式的方方面面。因为此处提到的健康主要针对的是个人身体的健康,所以涉及的内容自然相对狭窄。

我国健康教育专家洪绍光将健康生活方式归纳成 16 个字,即合理膳食、适量运动、戒烟限酒、心理平衡;反之,则是不健康的生活方式。

概而论之,现代健康生活方式至少包括以下几个部分:

营养。营养是为机体生长、发育和维持生命而消化、吸收和利用所需营养物质的过程,营养物质是食物中对身体有营养价值的化学物质。一般而言,营养物质可分为两大类,即大营养素和微量营养素。大营养素包括蛋白质、脂肪、碳水化合物和一些矿物质,每天需要量很大,其构成食物的绝大部分,提供了机体生长、代谢和运动所需的能量和物质。微量营养素需要量很少,包括维生素和微量元素,其能催化大营养素的利用。我们在生活中要保持营养的均衡,既要多吃谷物和粗粮,还要多吃新鲜水果和蔬菜,注意少油、低盐、无糖,控制主食量,养成良好的饮食习惯。

运动。运动是人类离不开的生活方式之一,人在运动的过程中,身体的结构会随着运动而变化,有助于加强自身的体质,促进新陈代谢。每天坚持安全适量的有氧运动,譬如,利用微博、微信的计步器,每天走 1 万步;每周进行 3 次 30 分钟以上的体育活动等。让我们在运动中成长,在运动中保持健美。

水。对于一个成年人来说,身体内 60%的质量都是水,中医提倡水疗,用水养生,甚至提出了“五水养生法”。每天保证摄入足够的水,早起一杯水可帮助代谢;睡前一杯水对心脏有好处。

阳光和空气。多到大自然中进行户外活动,接受自然阳光的照射(注意防晒),呼吸新鲜空气。

节制。学会控制自己,控制欲望,避免暴饮暴食、过度娱乐,改正不良嗜好和习惯,如不吸烟,少饮酒。

休息。我们应劳逸结合,养成良好的作息习惯,保证充足的、有规律的睡眠。

信念。相信科学的指导,建立信心,保持乐观的人生态度和平和的心态。

在以上要素中,体育运动是一个相对重要的部分。对于自然的人而言,运动是其最为本质的一个属性,现代文明病产生的一个显著原因是缺乏运动。由中央电视台《生活》栏目和国家统计局城调队联合开展的“城市居民5年生活质量变化调查”显示:21世纪以来,我国城市人最向往的生活从“经济富裕”转变为更倾向于“身体健康,心情舒畅”。

科学的发展推动社会生产力大幅度的提升,社会生产和生活物资丰富,人们余暇时间明显增多,怎样能身心健康地度过越来越多的余暇时间将成为一个重要的社会问题。借鉴发达国家的某些经验,当社会经济发展到一定程度时,休闲活动方式的选择将会受到社会的发展和人们文明程度的影响。对于大众文明程度较高的社会而言,休闲活动的形式和内容会越发有益于身心健康,而休闲体育往往是休闲活动的首选。

从休闲活动的内容看,运动性休闲活动占有十分重要的地位。日本休闲研究中心20世纪70年代中期有关休闲活动的研究统计表明,在全部的休闲活动中,和体育有关的活动占70%左右,充分说明了当社会经济发展到一定程度时(70年代中期,日本人均产值已达3000美元),休闲体育将是社会中休闲活动的主流方式。

综上所述,休闲体育是休闲方式中最具活力、最具发展性的一种主要活动方式,是人们的一种生活享受。在生活水平和生活质量逐渐提高的情况下,人们对随意而自然的体育类休闲活动会更加热衷,“花钱运动,花钱买健康”的观念已深入大部分城市人之心。

四、休闲体育——矫正不良生活方式的手段

现代人身心健康受到威胁的一个重要原因是不良生活方式,在社会环境和生活条件的作用下,那些居住在城市里的居民更容易受到不良生活方

式的浸染。有关调查显示:在过去的一个世纪里,由不良生活方式引起的慢性非传染性疾病代替了传染性疾病,成为人类健康的“头号杀手”。据研究,现代人类所患疾病中有45%与生活方式有关,死亡的因素中有60%与生活方式有关。

不良生活方式与其他危险行为相比,其对人们的健康危害更大。其一,潜伏期长,不良生活方式产生后,通常要经过一段时间才能对健康产生影响,会出现明显的致病作用。其二,没有明显的对应性,不良生活方式与疾病没有明显的对应关系,它与多种疾病和健康问题有关,对于一种疾病或健康问题而言,其与不良生活方式中的多种因素有关,譬如,吸烟和肺癌、冠心病及高血压等多种疾病相关;高血压和吸烟、高盐饮食及缺乏运动等多种不良生活方式有关。其三,协同作用,多种不良生活方式协同作用、互相加强,对健康的危害比单一因素要大,譬如,吸烟与酗酒对肝脏同时造成的伤害要比吸烟对肝脏造成的伤害大。其四,交易性大,不良生活方式对健康危害发生时间的早晚、危害的大小有着显著的个体差异,譬如,有的人吸烟会导致肺部疾病,而有的人同样吸烟却没有得肺病。其五,广泛存在,不良生活方式普遍存在于人们的日常生活中,很多人都或多或少地有着不良生活方式,其对健康的危害是广泛的。

(一)生活方式病和亚健康

不健康的生活方式直接或间接地与多种慢性非传染性疾病相关,如颈椎病、肩周炎、高血压、冠心病、糖尿病及恶性肿瘤等。且这些疾病现已出现了“年轻化”的发展势头。不良生活方式引起的疾病就是所谓的“生活方式病”。

“生活方式病”体现在现代生活中的各个方面:开车上下班、电脑前长时间工作、沉迷电脑游戏、吸烟酗酒、作息无规律和过度紧张等。中国疾病预防控制中心健康教育所所长侯培森说:“对于生活方式病,真正的危害不是来自疾病本身,而是来自日常生活中对危害健康的因素认识不足,不懂生活方式与疾病的关系,脑子里还没有‘健康生活方式’的概念。这才是今后生活方式病对人类真正的威胁所在。”

缺乏运动、热量的多余摄入、无规律的生活、吸烟酗酒以及职场竞争造成的压力与疲惫等都是“生活方式病”产生的原因。调查显示,在生活方式病患者的生活内容中,究其主要原因是缺乏运动。在空闲时间主动参加体育活动,是对其不良生活方式进行矫正的好方法。

亚健康指的是人体处于健康和疾病之间的一种状态,处于亚健康状态者不能达到健康的标准,表现出一定时间内的活力降低、功能和适应能力减退的症状。饮食不合理、作息不规律、缺乏运动、精神紧张、心理压力大以及长期不良情绪等,是导致亚健康的主要原因。

当前,我国亚健康的人群规模大、严重程度高,发展态势令人担忧,尤其是企业职员、中高层管理人员及高强度脑力工作者,他们有着普遍的亚健康症状。中国新闻社—北京的一个研究表明:北京人的亚健康率达 75.31%,在全国重点城市中排居第一位。

(二)不良生活方式的运动性矫正

对不良生活方式进行运动性矫正,具体如下:

第一,在思想上建立健康生活方式的观念。人的信念具有无穷的力量,时刻抱着“我要健康生活”的信念,那么在实际生活中就会有意想不到的收获。正视不良生活习惯与行为给我们造成的危害,真正认识和理解“生命在于运动”的真谛。

第二,学习和运用正确的运动方法。体育运动的方式方法繁多,除了选择自己喜欢的运动外,还要注重是否与自己的身体条件和社会条件相适应,挑选力所能及的运动。

第三,培养运动的意识和习惯。常常在心里提醒自己要做运动,利用现代工具,如手机的某些 APP 运动提醒等。习惯并非一朝一夕就可以养成,它需要长期且反复的坚持,培养一个习惯需要 3 个月的时间,而第一个月往往是关键月。我们每天或每周可以有计划地进行一些运动,让体育运动逐渐成为日常生活的一部分。

第四,有规律地进行体育锻炼。生命在于运动,体育锻炼贵在坚持、重在适度。据美国相关研究显示,多年进行有规律的体育锻炼,因心血管疾病造成的死亡降低了 25%;坚持适量的体育锻炼一般能使慢性病患者较快恢复工作能力。

改变不良生活方式并非一蹴而就,而是一个长期坚持的过程。在坚持矫正的过程中,需要相关专业人士的诊断与指导,防止由于方法手段等的误选误用产生副作用,继而影响身体健康。

第三章　休闲体育的多元化功能

休闲体育是体育的重要构成内容，同时也是一种特殊的社会文化现象，休闲体育的发展与人类社会的发展有着密不可分的关系，因此，无论是从人的体育发展需要的休闲论，还是与个体健康发展的健康论，抑或是从体育普遍具有的教育功能和娱乐功能出发，对休闲体育展开多角度和多方面的理论分析与研究均具有重要的理论与现实意义。本章主要就休闲体育的休闲论、健康论、教育论、娱乐论与游戏论等多元理论进行全面阐述，以为休闲体育与人类社会的进一步融合及个体的自我体育需要和发展的促进提供理论指导。

第一节　休闲体育的休闲性

一、休闲与人的发展

（一）休闲使人回归自然

休闲是人内心的一种感受，不依附于外在的时间。"自由"是人参与休闲体育活动的一个最主要特征。活动的"自由时间"是人参与休闲活动的基础要求，是"束缚时间"的对立面。现如今，人类的生产力达到一个较高的水平，但面对高楼大厦，人们却更想回归到自然当中，愉悦身心，缓解压力。

休闲，是最有效也是最快的使人回归到自然的方式，能够使人将工作中的疲累一扫而空，恢复体力与精力。而且在现代社会中，如果休闲活动不能使人们的身体得到活动锻炼，那么好处并不明显。因此，在休闲活动中，休闲体育活动的作用是无可取代的。

随着社会生活的发展,人们对休闲体育的认识逐渐向全面和深入发展,在“休闲”这一概念被正式提出之前,人们对休闲并没有很深入的了解。但是在今天,休闲意识已经被越来越多的人所认识,休闲已经成为现代新生活方式的明显标志。让体育运动的形式进入生产活动之外的“休闲”,是倡导一种健康、文明、科学的新生活方式。现代社会的快速发展,经济越发达,人们所面临的压力越大,更需要通过参与体育活动来享受快乐和疏导压力。具体来说,随着现代社会的不断发展,激烈的社会竞争将人变成工作的机器,给社会文明带来了异化,而休闲体育能让人回归自然,把人从“工具化”的状态中解脱出来。休闲体育具有自我发展、自我完善、自我实现的人文特性。休闲的价值在于构建出一个有意义的世界,增加了人的归属感和存在感,而不在于提供实用的技术与工具或物质财富,极大地丰富人的精神世界。因此,休闲体育运动使人们从被动地消磨空闲时间,转变为对高质量娱乐休闲的追求;体育活动的方式也从群体的指令性锻炼逐渐过渡为个体主动性锻炼。体育与休闲相结合,已成为回归自然的新生活方式。

(二)休闲能够改善人的身心

人们对休闲体育进行了一定研究,并总结出三种观点:休闲是一种做事的方法和心灵状态;休闲是为塑造人而自由选择的活动;休闲是在处理好其他事情后最后剩余的事。

上述三种观点都是将人从必要或责任义务的羁绊中解脱出来作为基础的。在大多数休闲专业人士看来,更容易接受休闲是生活的态度或状况的观念。从个人健康心理发展和个性塑造的角度看,休闲在促进人格的发展方面有着非常重要的作用。事实上,激发人们潜在的欲望是开展休闲活动的目的。所以,经营者和管理者应该把休闲体育看作是教育人的良机。尽管一些理想主义者和理论家一直倡导和研究健康的休闲方式,但在追求商业利益的驱动下,在一些地方,休闲活动的粗俗化愈演愈烈。例如,赌博、色情、吸毒是这些粗俗化的休闲活动中最负面的东西,这些东西侵占了人们特别是青少年大量的闲暇时间。此外,一些有趣、看似无害的游戏,使人们得到休息和娱乐的同时,又因其高科技的吸引力和比赛得奖的诱惑,使得休闲变得单一和平面化,这一特点在电视、网络等电子媒介的休闲活动中体现得非常明显。相比之下,休闲体育成为使休闲变得健康的一种积极手段。

从个人适应社会发展和实现个人价值的角度看,休闲为个人更进一步地提高社会适应能力、构建良好社会关系、提高创造力奠定了良好的心理环境。现代社会密集型的生产和对时空的高度组织、学习方式以及信息社会中高虚拟式的室内活动方式，使得很多城市的居民已经进入到了消极休闲的状态之中，产生了一种失去自己身体的感觉。消极的休闲容易使人懒惰和懈怠，降低人的运动能力。对有目的性的活动进行强调，是"个人性"的，且能够获得相对有利的结果，提倡将休闲作为对身心进行改善的一个过程。

（三）休闲成为工作的目的

与劳动相比，休闲是一种非常有意义的活动。所谓劳动，是指将劳动者组织到一个社会网络中，其目标是要提供产品和服务；而休闲是将个人的生活作为中心，使个人恢复体力，在满足人们兴趣的同时，提高人的智力。休闲是保持身心健康的必要环节，它可以看作是个人的再生产活动。休闲带有非常明显的个人喜好，是具有特定文化特征的活动。在以前，倡导个人生活的目的是工作，作为培养劳动力而服务于生产；工作的目的是为了更好地生活。通过休闲，能够提高工作效率，以更好地促进个人的可持续发展。

现代休闲，更侧重于强调从责任义务中解脱出来：休闲是你想要做的事，而不是必须做的事。这样一来，休闲成为工作的目的，同时也成为生活的目的。例如，对于那些极度享受工作成果的工作狂或哲学家、音乐家来说，最好的休闲就是工作。

随着现代社会的快速发展和人们闲余时间的增多，人们对休闲更加重视，休闲逐渐成为现代生活中非常重要的部分。休闲与劳动是相对的两个概念，并且两者互为目的与手段。利用闲暇时间进行体育活动，已成为人们新生活的方式。

对于工作与休闲之间的关系，应该全面和客观地进行分析，工作与人们其他活动之间的关系，是现代社会文明中人们所要面临的重大问题之一。休闲与工作并不是对立关系，休闲不是为了忘却工作，而是为了让生活过得更加美好。工作的真正目的是为了促进人的发展而制造出更多更好的休闲。现代的休闲观念，并不是要将必要的动作免除，而是将休闲当作自我放松及自我成长的实践，并使之成为现代社会个人的一项权益。大多数人认为，个人成长的重要性要远远高于工作。因此，休闲成为生活的主要目的，工作成为支持休闲成长所必需的前提。现代的休闲是为使工作富有个性和获得生活乐趣而服务的。体育服务的对象由群体转向个体，这是时代的进步。

二、现代休闲娱乐新生活方式

（一）休闲体育娱乐活动的特征

1.运动形式丰富多彩

休闲体育娱乐活动是人们在闲暇时间里以个人方式从事的活动。因此，休闲体育娱乐既可以是单独的活动，也可以是集体活动，还可以在音乐伴奏下进行活动，如慢跑、散步、大众健美操、交谊舞、气功、扭秧歌等，休闲体育娱乐并不拘泥于形式。

总之，休闲体育内容丰富、形式多样，运动者可以在任何时间、以任何形式参与，并可以突出自己的个性特点进行活动。

2.对技能和体能要求不高

休闲体育与竞技性体育运动相比，没有过高的要求，只要有健身欲望，即使运动者以前从来没有接触过，也能很快熟悉技能并积极参与到休闲娱乐活动中。

3.自由选择性强

在休闲体育娱乐活动中，每个人都可以根据个人的爱好和兴趣选择适合自己的运动形式。同时，人们还可以寓工作于娱乐，在交往中增进自身的亲和力和凝聚力。对于长时间进行竭力运动，一般来说是不被提倡的，要选择自身生理能够承受的运动，在人们选择和进行休闲娱乐活动时，丰富多彩的中华民族传统体育恰恰能够给予人们启示并提供参照。

此外，在活动时间选择上，人们可以在工作闲歇的时间进行，也可以在茶余饭后进行，还可以在早、晚进行，时间安排可长可短，完全根据个人的兴致、体力、忙与闲的具体情况进行制定。

4.体育消费成本低

随着现代社会经济的快速发展，生活节奏的加快，现代人的工作和生活呈现出快节奏、高效率的特点。在进入社会经营性场所后，许多休闲体育娱乐活动需要收费，如健身房、游泳馆、滑雪场等。这对普通老百姓来说，因为经济条件的限制，是不能经常坚持参与的。休闲体育娱乐活动对场地、器材要求不是很高，在家中、广场或公园都可以进行。

（二）休闲体育融入生活方式是社会发展的趋势

休闲是一段闲暇、一种娱乐活动、一种愉快心境的共同体，它是健康生活方式的重要组成部分。大量的实验研究证明，经常参与休闲体育运动能有效降低心脏发病猝死的概率，经常锻炼能增强心脏功能，预防和减少患高血压、高胆固醇症和肥胖等疾病的危险；同时，可以改善糖尿病、骨质疏松症、关节炎、情绪波动等病症。因此在现代社会，休闲体育运动已经成为现代社会生活方式的一个标志性的内容，它融入到人们生活中是社会发展的必然趋势。

首先，休闲体育娱乐活动能充分满足人们运动和享受生活的共同需求，使这两者得到最完美的结合。随着人们闲暇时间的不断增多，以及一些社会强力因素的影响，体育所包含的内容意义越来越广泛，并对个人发展、社会发展有着基本的价值。在以休闲为中心的社会，闲暇时间的增加，可能会对个体和社会的休闲质量产生影响。在高质量的生活中，休闲体育娱乐活动是对健康人生有价值的、可靠的投资。这些准备可以通过休闲体育娱乐教育进行，这样的教育应该完全迎合个体需要和社会需要。当人们的生活水平达到一定的程度时，体育除了作为学校里的体育课，领奖台上的奖牌之外，也将成为千家万户生活中不可或缺的休闲娱乐必需品，它是人们安居乐业的基本条件。

其次，休闲体育娱乐活动能有效提高人们的生活质量，使人们能更充分地享受休闲娱乐带来的运动快乐，并在运动中促进个人发展。休闲体育娱乐活动的增多，使人们可以通过闲暇时间的高效利用来促进生活质量的提高。休闲体育娱乐活动能使人对休闲生活良好适应，有助于提高人们享受生活的质量。通常情况下，高质量的生活被定义为有意义的、有效的、有趣的、富有的生存。这种生存是基于人的满足感、自由感、履行感。体育恰恰能够表达这样一种价值观，它是基于人们的身体、精神、社会的安康；基于最久远、最崇高的对人类有益、和平的价值观念，不会对人们追求幸福造成阻碍，因而被广泛认同。

（三）休闲体育的时尚性

随着市场经济的发展，人们交往的空间不断扩大，感情通融和交流的需要日益加强，感情沟通的工具和方式也变得多种多样。传统请客吃饭的社会交往方式使很多人苦不堪言，逐渐被人们所淘汰。于是，一种新的生活观念应运而生：请朋友“出汗”要比请吃饭更有利于身体健康，更有益于交流感情。人们开始离开烟雾弥漫、酒气熏天的饭桌,走向健身房、走向运动场、走向空气新鲜的野外。现代社会,人们更加追求健康,尤其是处于社会上层的精英们,无论是谈生意还是日常社交,更倾向于换上一身休闲装,轻松潇洒地约对方到健身房玩保龄球、台球、沙壶球,到网球场、羽毛球场上交战几局。

事实证明,在蓝天白云下的绿色草地上,一边切磋球艺,一边谈笑风生,能在提高人的品位和增加情趣的同时,增加互信和好感,促进交流和合作。

第二节　休闲体育的健康性

一、现代健康新概念

健康是一个综合概念,是人类生存发展的一个最基本的要求,随着社会、经济、科学技术的发展与进步,人们对健康的认识和要求也发生了变化,健康的概念也经历了“神灵医学模式”“自然医学模式”“生物医学模式”的演变。

1946 年,世界卫生组织将健康定义为:“健康是指身体上、心理上和社会适应等方面完美的状态,而不仅仅是没有疾病和虚弱。”随后又对健康的定义进行了丰富,增加了道德健康的内涵。1984 年,世界卫生组织提出健康新概念:“健康不仅仅是没有疾病和不虚弱,而且是躯体上、心理上和社会适应能力上三方面的完美状态。”1990 年、2000 年世界卫生组织又提出了道德健康和生殖健康。

根据现代健康的定义,可将健康分为身体健康、心理健康、社会健康、道德健康、生殖健康五个方面的内容,具体分析如下:

身体健康。身体健康是指人的身体生长发育正常,能够抵抗一般性感冒和传染性疾病,有着良好生活习惯和生活节奏,主要表现为体态匀称,食欲好,睡眠好,气色佳、有精神,不易感到疲劳,具有良好的体能,能够满足日常生活的需要和完成各项任务活动。

心理健康。心理健康可大致分为两类,即广义上的心理健康与狭义上的心理健康。具体而言,狭义的心理健康指的是心里没有出现忧郁、烦躁、易怒等障碍及问题,广义的心理健康除了包括狭义心理健康的概念外,还包括心理的调控能力、心理效能的发展能力等。

社会健康。社会健康，即社会适应性，具体指个体与他人、个人与社会环境之间的相互作用，并具有良好的人际关系和实现社会角色的能力。

目前，学术界尚未对社会健康所包括的内容做出统一的定论。肖丽琴(2007)将社会适应能力划分为：学习能力、独立能力、人际关系、自我归属、耐挫力、道德规范、心理压力、合作竞争八个维度。一个具有良好的社会适应能力的人在社会交往中往往表现为与人友好相处，心情舒畅，少生烦恼，有自信感和安全感；知道如何结交朋友、维持友谊，知道如何帮助他人或向他人求助；能聆听他人的意见，表达自己的思想，能以负责任的态度行事，并且能够在社会中找到适合自己的位置。从某种意义上来说，一个人社会适应能力的高低可以表明其成熟程度。对于青年学生来讲，具备良好的社会适应能力对其步入社会，谋求生存和发展更是具有非常重要的意义。

道德健康。道德健康是指能够辨别真伪、善恶、荣辱、美丑等是非观念和能力，并且不以损害他人、集体或国家的利益来满足自己的需要，遵纪守法，并按照社会道德规范、社会认可的准则来约束、支配自己的言行，坚持为别人、为集体、为国家做好事、做贡献。

生殖健康。生殖健康是指生殖系统及其他功能和在整个生殖过程中的体质、精神和社会适应性等方面处于良好状态。它包括生育调节、母婴安全健康、生殖系统疾病预防、性保健及性病防治等方面。

综上所述，现代健康新概念具有全面、广泛与多元的特点，涵盖了生理、心理及社会等方面。在健康的三个主要内涵中，一个人生理与心理的健康状况对其社会适应性具有决定性影响。身体健康以心理健康为精神支柱，心理健康又以身体健康为物质基础。一个人如果其在心理方面具有良好的情绪，那么就有利于促使自身的生理功能同样处于良好状态；反之，如果情绪状态较差，那么就会影响到生理功能的发挥，从而导致疾病的产生。有些心理问题也是由于身体状况不稳定而导致的，生理有缺陷、疾病的人通常会表现出一些不良的情绪，如焦虑、烦恼甚至是抑郁等。人的身心是统一的，身体健康与心理健康是互为影响的，紧密连接的，因此要注意身心的和谐与健康，从而促进社会适应性的增强。

二、现代健康新标准

随着人们对健康的关注程度日益加深，为了便于普及健康知识，世界卫生组织提出了衡量人体健康的 10 条标准，具体如下：

第一，精力充沛，能从容应付日常生活和工作。

第二,处事乐观,态度积极,乐于承担责任。

第三,按时休息,睡眠质量好。

第四,应变能力强,能适应各种环境的变化。

第五,对一般感冒等传染性疾病具有一定的抵抗力。

第六,体型匀称,体重适当,身体各部分比例协调。

第七,眼睛明亮,思维反应敏捷。

第八,牙齿清洁,无损伤,无病痛,齿龈无出血。

第九,头发光泽,无头屑。

第十,走路轻松,肌肉、皮肤富有弹性。

世界卫生组织也对身心健康提出了新标准。在日常生活中,人们也逐渐形成了一些关于健康的标准,实际上也是对世界卫生组织提出的标准的延伸。当前认为,生理健康和心理健康必须符合以下标准。

生理的健康标准:“五快”,即快食、快语、快走、快便和快眠。快食,指胃口好,吃饭迅速,不挑食,表明人体内脏功能正常。快语,指说话流利,语言表达清晰、准确,这表明思维敏捷,心肺功能正常。快走,指行动自如,步伐矫健,说明身体状况良好,精力充沛。快便,指大小便通畅,便时无痛感,便后感觉舒服,说明人的肠胃功能良好。快眠,指入睡快,睡眠质量高,醒后精神状况良好,说明人体神经中枢系统的兴奋与抑制功能协调,内脏无病理信息干扰。

心理的健康标准:“三良好”,即良好的个性、良好的处事能力和良好的人际关系。良好的个性,指心地善良,处事乐观,为人谦和,正直无私,情绪稳定。良好的处事能力,指沉浮自如,客观观察问题,有良好的自控能力,能较好地适应复杂的环境变化。良好的人际关系,指待人接物宽和,不过分计较小事,能助人为乐,与人为善。

三、影响健康的因素

(一)遗传因素

遗传是影响人体健康的先天性因素,指的是自然界中生物通过一定的生殖方式,将遗传物质传给下一代的生物现象。遗传是决定或者限制健康表现的直接原因,而遗传物质在一定程度上对人能否达到健康目标具有决定性作用。许多人的身体健康与否就是由各自的遗传潜力决定的。不过,遗传对于健康的制约作用到底有多大,尚无法推断。目前,已经发现的遗传病达到5000多种。随着科学技术的发展,各基因功能的明确,遗传病是可以治愈的。

从遗传学的角度分析看，遗传因素直接影响个人的体质健康水平。生物学家认为，身体机能中有60%~70%是由遗传因素决定的，个体从父母遗传的先天机能是身体发展的重要基础。先天遗传体指标中的肺活量、立定跳远以及台阶指数等都对体质健康具有很大的影响。

（二）营养因素

营养与个体的健康有着密切的关系。合理的营养是保证个体身体健康的重要因素，它是促进个体正常生长发育的基础，也是增进健康、防治疾病的有效手段之一。

现代社会对于人们的审美观念和生活价值观的改变是巨大的。例如，一些女性热衷于节食减肥，往往营养摄入不足或不全面，导致各种营养缺乏病；而一些青少年热衷于快餐消费，往往营养摄入量过多或失调，又会导致一些“现代文明病”的发生，如肥胖症、糖尿病、心血管疾病等。就个人的健康成长而言，科学饮食，合理摄取营养是非常重要的。这就需要对个体的营养状况进行合理的评价，主要包括以下几个方面：

第一，每天摄入的热量是否能维持正常的生理功能。

第二，对所摄入食物中的营养素比例的合理性进行分析。根据食物提供的热量计算，人均蛋白质、脂肪、糖类（碳水化合物）三大营养素摄入的适合比例为3∶4∶13。这种标准既保证了机体对各种营养素的需要，又有利于预防常见慢性病的发生。

第三，膳食中各种微量元素是否足够，比例是否合理，与一些地方病及营养缺乏病的发生有着密切的关系。

（三）卫生保健与资源

1.卫生保健服务

卫生保健主要包括三个方面，即预防服务、治疗服务和康复服务。卫生保健服务质量的优劣，对个人和社会群体都有重要的影响。现阶段，各种文明病高发，生态环境的恶化也导致多种新疾病的发生率大大提高，因此，对医疗卫生资源的合理利用，不断提高医疗卫生服务的质量，是保障人类健康的重要因素。

2.医疗卫生资源

健康需要医疗卫生资源做物质支持，日常生活中，个体在考虑其健康问题并做出行为选择时,都可能受到卫生资源的制约。例如,在缺医少药的贫困边远地区,由于条件的不同,卫生医疗机构不健全,医药资源短缺,忽视医德风尚等,会导致疾病的多发,直接影响人类的健康。

目前,全世界有大约10亿人正由于贫穷和卫生保健及卫生资源缺乏而陷于营养不良、疾病多发的恶性循环之中。在发展中国家有近2/3的人口得不到长期的卫生服务,这是地区致病、致贫的重要因素。

(四)行为与生活方式

1.运动行为

体育运动对于人类健康的作用和影响,可以通过一些民谚来说明,如"运动运动,百病难碰"。民间格言、谚语是人们在追求健康过程中的真实体验,也充分说明了体育运动的强身健体、防病治病、延年益寿作用。因此,参与体育运动对个体健康有着非常积极的影响。

需要特别强调的是,要想通过体育锻炼获得理想的健身效果,必须注意锻炼的科学性。例如,如果运动量过小,体内的各组织器官得不到应有的刺激,就达不到提高生理功能的目的;如果运动量过大,身体可能因承受过重的负荷而受到伤害。总之,大学生只有在适宜的运动过程中,机体才能产生一系列适应性的良好变化,从而达到健身防病、增进健康的目的。

2.生活方式

良好的生活方式是使人体健康和延年益寿的保证;不良的生活方式可能会导致各种疾病的发生,对人的身体健康和寿命造成严重的损害。

现代化的生活方式不断改变着人们的社会日常生活,乘坐电梯、体力劳动的减少、吃快餐的饮食习惯等现代生活方式同样造成了体质健康习惯不够规律以及营养的失衡。例如,现代很多大学生经常暴饮暴食、营养不合理,容易造成营养过度导致肥胖,给身体增加了很大的负担,成为其他疾病发生的诱因;还有经常抽烟、酗酒,甚至吸毒,都会对人的神经系统的正常功能造成严重的损害。可见,个人的生活方式和行为是造成其健康状态显著下降的主要因素。人们的生活习惯各不相同,良好的生活习惯能够有效促进个体健康成长。日常生活习惯的形成除了受到家庭环境因素影响之外,其他的社会因素也同样具有重要的影响。

因此,要获得理想健康,主要挑战在于如何改善个体生活行为和方式,促进生活质量的提高,这样才能降低健康危险因子,最终实现整体的完美。

(五)环境因素

1.自然环境

自然环境是由大气、水、土地、矿藏、森林、野生动物、人类遗迹等共同构成的。自然环境是人类赖以存在和发展的物质基础。

人类的健康与环境质量密切相关。生态平衡,对人体健康有着很好的促进作用。但由于地理或地质等原因,有些地区的土壤或水中存在过多或缺少某种元素,从而会使生活在该地区的人们体内某种微量元素过多或过少,造成地方病。随着人类社会的进步,由于工业和农业的发展以及某些人为因素,使得自然环境受到严重污染,破坏了大自然与人体之间的生态平衡,使人体的健康和寿命受到威胁,有的甚至引发某种疾病或死亡。

拥有一个清新、健康的自然环境,是保证人们拥有健康身体的重要前提。当今,人们逐渐意识到环保的重要性,为了自身的健康、可持续发展和整个地球的可持续发展,世界各国政府和人们对环境保护与防治污染的问题高度关注,并采取了一系列的措施。

2.家庭环境

家庭环境对于个人的健康也具有重要的影响作用,主要表现在两个方面,详细分析如下。

一方面,家庭体育观念对青少年儿童参与体育行为、提高体质健康水平的影响。家长的体育价值观念对于青少年参加体能锻炼、促进体质健康同样具有非常重要的作用。目前,很多青少年的家长将他们对于孩子教育的关心与照顾局限于生活与物质方面,却忽视了对于青少年意志品质以及吃苦耐劳精神方面的培养,从而造成了青少年群体缺乏刻苦锻炼的意志,怕苦怕累的思想非常普遍。如今,在青少年体力劳动明显减少的同时,体能锻炼促进体质健康的时间也在不断减少,导致体能锻炼促进体质健康的运动缺乏足够的强度。同时,由于家长对子女过分偏爱,加之体能锻炼本身潜在一定的危险性,怕孩子受到意外的伤害而对孩子的体育活动加以限制,青少年体能锻炼促进体质健康的效果不佳。此外,随着我国经济文化生活的不断改善,家庭环境以及交通工具的升级,青少年参与体能锻炼来促进体质健康的机会就更少了。

另一方面,家庭和谐的环境和氛围对青少年儿童心理健康发育的影响。家庭和睦对于青少年儿童的良好个性具有重要的影响作用,尤其是父母的日常行为、习惯、作风以及父母之间的相处模式与关系会直接影响孩子的心理健康，如为人处事态度、个性塑造、气质等。

3.社会文化环境

社会文化环境对国民体质健康具有重要的影响作用。以我国为例，受到我国文化发展背景的影响，在我国根深蒂固的传统文化中很少有注重青少年体能锻炼促进体质健康的因素，体能锻炼促进体质健康的传统观念意识非常淡薄，“大众体能锻炼促进体质健康”下降的现象也对青少年参加体能锻炼促进体质健康的活动产生了一定的消极影响。

以我国青少年学生的心理健康现状与发展为例，当前，在我国应试教育制度下，大部分的青少年学生为了应对文化课的考试，必须把大部分的精力投入到文化课的学习与作业中，忽视体能锻炼促进健康活动或者是在升学考试的关键时期（初三、高三）被迫中止体能锻炼促进健康活动的现象比比皆是。如果长期如此，随着青少年学生年龄的不断增长以及身体的发育与心理的发展，他们对于体能锻炼促进体质健康的态度、兴趣以及理解等都会产生消极的变化。实际上，大多数的青少年学生非常了解体能锻炼对于体质健康的重要意义，但为了提高自身的体质健康水平，进行有目的、经常性的体质锻炼的青少年学生越来越少，加之社区适合青少年体质锻炼的设施器材很不完善，很多青少年学生体能锻炼促进体质健康的健康意识正在逐渐淡化。

当前，随着互联网的不断发展，我国互联网用户中青少年群体所占的比例逐年增加。网络文化的兴起让如今的青少年将室外的健身活动转入到室内，手眼能力得以提高，而身体腿脚的能力却逐渐退化，体能效果越来越差，体质健康状况不断恶化。可见，社会风气对社会成员健康观念、健康意识、健康行为的影响的重要性。

（六）心理因素

随着人们生活质量的提高，对健康的追求越来越迫切，心理活动对人体健康的影响也逐渐引起人们的重视。

对于健康的人来讲，心理因素所产生的不良情绪、情感会影响个体的健康发展。从影响个体体质健康的自身因素看，“压力大”是各种因素中的首要因素，其后依次为体能锻炼不够、睡眠不足、营养不均衡、生活习惯影响以及先天的遗传因素。

对于患病的人来讲，在治疗疾病的过程中，心理因素也会起到一定的辅助作用，主要表现在两个方面：一方面，它可以打消在疾病治疗中的顾虑，树立与疾病做斗争的坚定信念；另一方面，坚持心理疗法可以治疗由心理因素、情绪因素引起的疾病,即消除患者的消极心理因素,促进其以积极的心态进行心理和生理健康恢复。

四、休闲体育与健康

(一)健康生活需要体育休闲

1.休闲时间需要体育锻炼

在古代社会,由于生产力比较低,几乎所有的工作都需要人们通过体力劳动完成。因此人们的闲暇时间主要是休息而不是进行身体锻炼。随着生产力的发展,人们从繁重的体力劳动当中解放出来,身体的活动量变得更小。因此,为了身体健康,人们开始有意识地参加体育休闲活动,进行身体锻炼。

2.消除文明病需要体育休闲

所谓文明病,就是人类文明发展到一定程度出现的副产品,一般指现代社会工作中的久坐、长时间使用电脑带来的身体疾病以及越来越精细的饮食带来的身体疾病。与传统疾病相比,文明病的发生具有特殊而复杂的原因,而有些文明病的康复并不是通过治疗而是要改变环境或者改变自身的生活方式。例如,久坐会引起身体的不适,要想改善这种状况,要么是换一个不需要久坐的工作,要么是在工作期间定时站起来进行一定的活动。

另外,医学和体育是不一样的。二者的差别主要在于,体育主要是事前预防,医学是事后处理。也就是说,我们可以通过体育锻炼来预防某些疾病,但医学只有在生病之后,才能去医院接受治疗。虽然现代医学提出了预防医学的概念,但也并不能从根本上改变这种情况。因此,多参加体育锻炼,确实是一种预防文明病以及其他传统疾病的好方式。

(二)体育休闲能增进健康

1.休闲体育对个人健康的增进

随着人们物质生活水平的不断改善和提高,一些“富贵病”也随之而来。如高血压、高血脂、高血糖等,这对人类的健康造成了极大的危害。这种文明病仅仅依靠医疗手段并不能完全解决,需要依赖体育。在闲余时间参与体育休闲活动,能有效提高体质水平、愉悦身心,养成良好的生活习惯和生活方式,有效应对“文明病”,提高个人的健康水平。

2.体育休闲对社会健康的增进

社会群体由于是以个体为单位组成的,因此,个体健康与社会健康有着密不可分的联系。换句话说,没有每一个个体的健康,就没有整个群体的健康。社会需要健康,体育可以满足人们对健康的需要,而社会的发展又为体育提供了促进个体健康的新目标——促进人类每一个个体的健康。体育是促进人体健康发展的主要手段,知识经济的来临,使得人们对体育的功能以及功能与目标之间的关系进行重新审视,人们期望将体育纳入健康发展的轨道,使体育与人类文明共同发展和进步。

第三节　休闲体育的教育性

一、休闲体育教育思想概述

(一)国外的休闲体育教育思想

1.古希腊休闲体育教育思想

古希腊人在两千多年前就认识到休闲和教育的关系,他们认为:“自由人如果不想使自己的生活沦为灾难,就一定要接受休闲人生的教育。”古希腊人认为,进行休闲教育是人生幸福的保障和前提。

古希腊哲学家、教育家亚里士多德对休闲教育做了研究,他认为,只有为休闲而进行的教育才是崇高的,他特别强调“教育的目的不是为了谋职或挣钱”,而是“使得人们做出理性的行为,并通过精神洞见使人的行动升华,从而让他们成为自由的人”。亚里士多德指出,休闲教育是实现教育目的的重要途径之一。

2.西欧休闲体育教育思想

著名教育家苏霍姆林斯基是休闲教育的最好践行者,他领导的帕夫雷什中学是实行休闲教育最好的典范。苏霍姆林斯基认为“午后不安排紧张的脑力劳动,并不是为了完全摆脱智力劳动,而是为了让学生能过上富有意义的、丰富多彩的精神生活,也只有当孩子每天按自己的愿望随意使用5~7小时的空余时间,才有可能培养出聪明的、全面发展的人”。

法国著名的思想家让·雅克·卢梭认为,人在自然条件下,一定是身体和心灵结合发展,绝不会只求心智发展,而使身体虚弱,也不会让身体与心智都处于衰弱之中。他主张用跳跃、舞蹈、爬墙、爬树、登山、游泳、竞走、打猎和各种球类游戏等体育运动方式充实、丰富青少年的生活和世界。

美国哲学家、教育家约翰·杜威在《民主主义与教育》一书中专门对“劳动和闲暇”问题进行了讨论,他认为,“在教育史上出现的根深蒂固的对立,也许就是为用劳动做准备的教育和为闲暇生活做准备的教育”,过多偏向哪一边都是不对的。他主张“以效率和爱好为目的的教育,应该培养情感和智力的习惯,促进崇高的闲暇生活”。

伟大的思想家马克思认为,对于人的发展,仅有外部社会条件还不够,要想真正实现自身生活的休闲化,必须具备休闲生活的素质和能力,而这些素质与能力需要通过休闲教育来实现。

从整体看,西方教育思想一致认为,休闲体育是一个使人明确自己休闲价值观和休闲目的的过程,是一种提高生活质量、贯彻终身的教育。

(二)我国的休闲体育教育思想

1.古代休闲体育教育思想

早在两千多年前,我国先人就已经注意到了闲暇在人的生存和发展中的特殊意义和价值,认识到了闲暇的教育价值,如《论语》中的“志于道,据于德,依于仁,游于艺”,指明了人的志向在“道”上,执守在“德”上,依据在“仁”上,游娱在“艺”上;《孟子》中的“设为庠、序、学、校以教之”,此“庠”即养,养老、休养之场所。在我国第一篇教育专著《学记》中指出:“时教必有正业,退息必有居学。”“故君子学也,藏焉,惰焉,息焉,游焉。夫然,故安其学而亲其师,乐其友而信其道,是以虽离师辅而不反也。”这是对休闲与个体学业的促进及德行的陶冶较为深刻的阐述。

北宋教育家胡媛在教育中充分践行了休闲教育思想。除了重视书本教育外,他还组织学生到野外、到各地游历名山大川,并把此项活动列入教程之中,做到教育理论与教育实践的统一。他的教学思想与方法和当前所提倡的“素质教育”十分相似。

明代时期的教育家王守仁的休闲教育思想认为,游戏娱乐能使孩子心情愉悦、促进其自然生长。他说:“大抵童子之情,乐嬉游而惮拘检,如草木之始萌芽,舒畅之则条达,摧挠之则衰萎。今教童子,必使之趋向鼓舞,中心喜悦,则其进自不能已。”

明末清初教育家颜元直接指出休闲教育的意义:“孔门习行礼、乐、射御之学,健人筋骨,和人血气,调人性情,长人仁义。”他主张“习动”,反对“主静”。提倡在教学过程中“常动则筋骨竦,气脉舒”,不仅指出休闲教育对于学生强身健体的益处,而且对道德品行的修养也具有良好的引导作用。

2.近现代休闲体育教育思想

近现代时期,先进教育家、思想家蔡元培、陶行知等都提出了先进的教育思想,他们都非常重视对学生的体育教育。如蔡元培先生的崇尚自然、发展个性、培养健全人格的新教育主张;陶行知先生“生活即教育”“教学做合一”的思想,都体现了立足生活、教育培养完整的人的教育理念,直透休闲教育的内涵和宗旨。

于光远先生是当代最早提出休闲学术研究的学者之一。1994 年,于光远提出了“玩学”说。他认为:“玩是人生的根本需要之一,要玩得有文化,要有玩的文化,要研究玩的学术,要掌握玩的技术,要发展玩的艺术。”他的这些休闲思想引起了人们对休闲的深度思考,许多学者纷纷加入到休闲教育的研究中来。

我国休闲体育教育思想萌芽较早,但长期以来没有形成一个系统的体系,现代休闲体育教育系统研究的时间较短,仍处于拓荒期,还需要进一步的深入研究。

二、休闲体育教育的基本内容

(一)树立健康的休闲观

通过各种休闲体育知识和技能的传授,发展个体对休闲体育运动项目的志趣和爱好,培养他们的休闲体育意识,帮助其树立健康的休闲体育价值观和休闲体育态度,使个体做出有价值的、明智的、自主的休闲体育选择,以丰富和提高其休闲生活质量。

(二)培养良好的休闲行为

在休闲体育教育中,通过技能的学习,使个体掌握一定的休闲技能,形成正确、有效的休闲体育方式,并产生对休闲体育活动的良好兴趣,从而形成终身休闲的体育观。

在休闲体育教育的过程中,引导个体正确了解自己的休闲体育行为选择是否符合自己的休闲体育观,从自己的兴趣、期望和特长出发选择休闲内容,养成科学、文明、健康的生活方式。

(三)养成良好的生活习惯

通过休闲体育教育,引导个体合理安排自己的闲暇时间,摒弃落后、愚昧、腐朽的不良休闲方式,抵制精神鸦片,要健康生活。休闲体育教育的内容非常广泛,有表现为智力、玩的能力、欣赏美的能力,还包括价值观判断能力、心理承受能力以及社会交往能力等。休闲体育教育的目标就在于提高运动者的上述能力,使运动者能享受更高质量的生活。

三、休闲体育教育在现代生活中的应用

(一)青少年休闲体育

休闲体育娱乐教育在社会文化再生产中扮演着重要的角色,对青少年身心发展具有重要作用,具体表现包括:有助于松弛过度紧张的情绪;帮助学生远离消极、颓废的生活;促进良好的习惯和高尚品德的养成;有助于增进个人的心智和各种技能;能充分发掘学生的兴趣或增强身心的平衡;在参与休闲体育活动中,青少年在延续传统文化的同时,学习如何再创造;青少年休闲体育教育提供了一个培养未来体育精英的广阔平台,给了他们实现自我价值的机会。

现阶段,通过休闲体育教育促进青少年健康发展,应重视做好以下工作:

第一,学校方面,创造良好的体育教育环境。体育计划应选择适合儿童身心特点的活动内容,应以玩和学为主,劳逸结合,不按正式项目的要求训练儿童,考虑体育教育的直接价值,适当降低对学生参与体育运动的成绩和结果的要求。让儿童尝试各种体育项目,鼓励参与户外运动、假日体育(体育夏令营)。

第二,社会方面,创造良好的体育社会环境。青少年体育协会、地方体育团体、邻近俱乐部等加强合作,共同开发适合青少年身心发展的休闲体育活动,共同为孩子们提供良好的体育教育环境。

第三，政府方面，在青少年休闲体育发展方面，政府应该积极引导，并制定相关的政策与法规，从而促进其更好、更快地发展。

（二）中老年休闲体育

目前，我国已经进入了老龄化社会，随着社会物质生活水平的不断提高，人们的寿命也在不断增加，中老年人如何度过占生命 1/3 的闲暇，是每个人和整个社会都要面对的问题。老年人的生活品质和身体健康关系到亿万个家庭的幸福和整个社会的健康发展，是一个比较严肃的社会问题。运动健身是老年人提高生活质量、增进身心健康、享受生活乐趣的一个重要而且有效的途径，引导并科学指导老年人的运动健身至关重要。

老年人闲余时间非常丰富，是休闲体育运动的主要参与人群，通过休闲教育提高他们的判断能力、选择和评估休闲价值的能力。鼓励中老年人积极参与社会活动，以避免孤独感，同时提高老年人的身体健康水平，使其安享晚年。

（三）促进社会和谐

休闲体育的功能非常多，休闲体育促进和谐社会的构建表现在以下几个方面：

第一，休闲体育能增进个人体质健康，提高国民体质水平。通过休闲体育，人性可以得到回归，“现代文明病”也可以得到预防和治疗，人们的身心得到抚慰，人际交往得到促进，从而使社会风气得到引导，使人们树立起正确的休闲生活态度，选择科学的休闲生活方式，促进人的社会化。通过休闲体育，人的身心和谐、人们之间和谐，人与社会、自然环境也变得和谐，同时休闲体育培养全面发展的人，也为构建和谐社会打下了坚实的基础。

第二，休闲体育教育能促进个人心理健康和思维发展，塑造良好社会风气。文化方面，休闲体育具有娱乐身心的价值，更有着文化价值。休闲体育本身就是一种文化现象，通过休闲体育，有助于人们形成科学的价值观念、思维方式、经营理念和生存智慧，从而形成良好的社会风气，为社会秩序的建立和维护发挥文化整合作用。

第三，休闲体育教育能促进个人的全面发展，提高社会成员综合素质。休闲体育教育是实现人的全面发展的教育，培养人的鉴赏力、兴趣、技能及创造休闲机会的能力，使人能以一种有益的方式安排自己的休闲时间，从而实现“成为人的过程”是其主要目的，人的素养和个性的提高是其着眼点，而知识的内化和人的潜能的发展是其强调的重点。休闲体育教育有着广泛的内容，智力、审美、心理、健身娱乐活动等都包括在内，休闲体育本身的功能与价值以及人们参与休闲体育活动的环境、条件都与休闲教育十分符合。

第四，发展休闲体育教育能增强人们的休闲体育观念，有助于刺激休闲体育消费，扩大内需，增加就业，使休闲体育成为新的经济增长点。另外，通过休闲体育活动，劳动者的体质得到增强，有助于提高劳动生产率，进一步促进经济发展，为构建社会主义和谐社会奠定良好的物质基础。

第四节　休闲体育的娱乐性

一、娱乐的健康促进

（一）身体娱乐

身体娱乐能促进身体的健康。在全面建设小康社会的今天，我们更应该充分认识和利用体育的娱乐作用，推动全民健身运动的发展，从而促进国民体质和健康水平的快速提高。身体娱乐对于促进身体健康具有良好的锻炼效果，并强调以创新达到身心健康的目的。

现代体育运动项目，内容丰富、形式多样，这为身体娱乐提供了广阔的天地。新的运动项目、新的体育锻炼形式都在不断地出现，并将获得较快的发展。人们从事自己所喜爱的运动，可以使身心合一，达到身心健康的目的。

（二）心理娱乐

心理娱乐可以给人们带来愉快的情绪体验。而良好的心理状态，又是促进身体健康的基本条件。

运动可以改变人类脑部化学结构，对治愈忧郁症具有明显的效果。经常参与有氧运动，可以促进人体血清素的升高，令人感到身心康泰，有满足的愉悦感。据相关研究显示，跑步 20 分钟，可促使脑部分泌内啡肽，内啡肽是一种像吗啡的化学物质，许多跑步者和其他从事过体育运动者，都产生过这种“天然的舒畅感”。所以，与从事身体对抗剧烈的竞技运动相比，人们更愿意选择那些充满乐趣的身体娱乐活动。

(三)文化娱乐

随着我国社会经济的不断发展,国家创造经济财富的能力增强,人们的物质文化生活水平得到了很大的提高和改善。我们应看到历史发展的总趋势,看到人们日益增长的精神文化需求,而整个国家的管理和调控不仅需要经济、行政、法律手段等,更需要文化引导的作用和人文关怀的力量来推动社会的进步。人的观念是大众休闲文化发展的关键因素,其在大众休闲文化发展中起着至关重要的作用。在以前,人们对社会生活的理解存在很大的片面性,认为社会生活就是生产劳动,社会关系只是生产关系,从而忽略了休闲娱乐在社会生活中的地位和作用。人的劳动以及由劳动而形成的社会生产关系,其最终目的是更好地生活,其中就包括休闲娱乐,这是人类社会健康发展的必需环节。

为了丰富人们的文化生活,提高人们的幸福指数,我国政府在遵循科学的劳动方式的基础上,制定了法定节假日制度。人们闲暇时间的合理与否,是整个社会经济发达与否的标志之一。当然,走向休闲时代是一个渐进的、逐步发展的历史过程。我们在提倡休闲生活时,必须要充分发挥体育娱乐的作用,以提高人们的身心健康水平和幸福感。

快乐是幸福不可缺少的要素,只有有了快乐才会有幸福,而兴趣是使人们自觉参加锻炼的动机,养成自觉锻炼的习惯。体育可以通过休闲展现其审美价值,增加竞技项目的趣味性,可以有效满足人们休闲娱乐的需要。因此,我们必须改变以前乏味、枯燥的传统的身体锻炼方法,提倡主动性亲身参与,通过竞技活动来塑造人格,运用游戏的方式调节情绪,提倡快乐休闲。

二、休闲体育与娱乐

(一)身体运动的娱乐原欲

在原始社会,人类在阳光下追逐,在风雨中打闹,以此获得强烈的快感。这种本能的嬉戏与人的运动系统和生命活动的内在功利目的相符,并不存在外在的功利目的。换句话说,这样的活动满足了动物本身的活动欲望,被称为“娱乐原欲”。

人体的喜悦往往是通过肢体表现的,因此,可以说,一旦人类基本的生理需求得到满足后,其“娱乐原欲”就可能通过身体活动得以充分表现出来。他们或手舞足蹈,或欣喜若狂,这都是一种由人的身心需要所引发的活动,它对于维持生命所必需的活动过程并没有直接的帮助,也不追求直接的功利目的。

“娱乐原欲”在原始社会表现得更为单一和纯粹,原始人类的身体练习只是满足和享受这些活动所带来的快乐和愉悦,并不直接服务于生存的需要。原始娱乐文化形态大体上属于自然娱乐形态,属于人类社会低级开发阶段的产物,同人类原始思维方式相适应。那时的娱乐文化还没有成为一种独立的文化形态,而仅仅是一种人类初期智能和体能开发的表现形态,而这些表现形态都深深地渗入到那个时代的一切人类活动中,特别是经济、宗教、战争、性爱等。

原始宗教是人类最早的、最主要的意识形态,是原始人类思维方式的自然化形式。其中,巫术和图腾是原始宗教最主要的内容。巫术是人们想靠神秘的力量来占有渔猎对象而施行的魔法。而图腾则是指和部落有神秘血缘关系的某种动植物的神圣标记。原始人类希望通过图腾祭祀的方式求得安定。巫术和图腾代表了原始意识中两种不同的类型。为了使神灵与人类和睦相处并福佑人类,原始人设计出繁多的仪式取悦神灵,原始宗教的娱神、慰神仪式就是其主要内容。

原始社会的身体娱乐活动是以集体形式开展的,它具有非常大的规模,既是劳动训练,又是军事演习和宗教仪式,在社会生活中扮演着十分重要的角色。

(二)娱乐是体育运动的基础

运动实践表明,人们在运动中能体验到快乐和乐趣,兴趣是引导个人体育行为的一个非常重要的要素,且兴趣本身就是一种娱乐需要。

身体娱乐的目的是为了个人健康、群体健康和全人类的健康,这种思想观念的转变对我国休闲体育的发展至关重要。随着人们对身体娱乐价值的认识的加深,娱乐促进健康的作用,将会得到社会的广泛认同。

目前,体育娱乐观念已经深入人心,发达国家的大多数成功的体育组织都将自己看作是娱乐的提供者。与其他娱乐活动相比,体育娱乐具有自发性和结果不确定性的特点,这也为体育生产商提供了更大的机遇和挑战。体育组织者将注意的焦点放在赛事的内容以及与赛事有关的运动场地的吸引力上,而观众也将观看比赛视为一种休闲娱乐。

三、娱乐教育与体育发展

(一)体育文化发展

就我国而言,随着我国改革开放政策的实施,以及确立了以经济建设为中心的指导方针,我国的社会主义经济迈上了一个新的台阶,但我国的体育却很晚才向经济建设靠拢。尽管近些年来我国的体育产业取得了一定的进步和发展,但同西方发达国家相比还存在着较大的差距,还需要进一步的努力。

目前,我国体育界对于体育理论的研究还存在较大的缺陷,甚至很多方面仍是空白,如不同人群与地域休闲娱乐的研究、体育休闲娱乐法规的制定、身体娱乐的原理与方法研究、女子休闲的特殊性、时尚与潮流对大众休闲娱乐心理的影响、弱势群体如何享受体育娱乐权利的研究、少数民族传统体育活动中体育休闲娱乐因素的借鉴等。在这种情况下,我们应该借鉴发达国家成功的经验并结合我国的具体实际,提出适合我国国情的促进体育娱乐性回归的可行性措施,从而构建出具有中国特色的身体娱乐理论,不断完善全民健身计划,加强体育娱乐教育,使整个社会都能形成一种良好的休闲体育文化氛围,为进一步发展体育文化、提高人们生活质量提供良好条件与环境。

(二)体育产业发展

发展体育娱乐,会给我国体育产业的发展注入新的活力。体育产业作为第三产业,属于典型的服务型经济,体育产业服务于运动参与者和观赏者,体现出“体验经济”的特点。这就要使消费者在整个情感体验过程中获得某种心理满足,从而心甘情愿地为此支付一定的费用。体育竞赛就是这样一种特殊的体验。竞技体育是一种“注意力经济”“眼球经济”形式,如2008年北京奥运会的成功举办,给国家和人民带来更多的经济利益,其中娱乐因素是关键。体育不仅可以使人身心得到愉悦,还可以带来巨大的经济利益。

随着现代社会经济的发展,以健身和娱乐为特点的体育消费成为经济发展新的增长点。这一时期的一个重要特征是体育休闲娱乐已成为满足社会需求的一种供给。为此,在新经济时代,要进一步做好体育休闲娱乐工作,充分发挥体育的经济作用,分析体育市场的娱乐需求,促进体育与经济协调发展。

在发展体育产业的过程中,必须重视区域间体育经济发展不平衡的问题。在我国农村地区,体育活动开展得还不理想,而发达国家在这一方面则利用娱乐来缩小城乡差距并发展农村经济。农村娱乐活动的缺乏,是村民移居城市的因素之一。娱乐在减缓或组织农村人口向城市移居的过程中,具有非常重要的作用。另外,包括旅游在内的很多娱乐方式,都能给乡村地区提供许多新的就业机会。如今,在很多国家,为了提高乡村生活质量和确保经济稳定,正在筹建众多的娱乐场所。事实表明,这些努力也成功地遏制住了世界范围内的巨大的城市移民潮。因此,我国在全面建成小康社会的进程中,在考虑缩小沿海地区和内地之间的差距时,应充分考虑中西部地区休闲设施的兴建,大力发展体育旅游产业,促进当地经济更好、更快地发展。

第四章　我国休闲体育发展状况

进入21世纪,休闲在人类生活中扮演着越来越重要的角色,世界上不同的国家和地区逐步进入休闲化阶段,休闲正改变着人们的生活方式。休闲体育作为完善人格、愉悦身心的有效方式受到人们的欢迎和重视。西方发达国家的经验表明,当越来越多的人参与到休闲体育中时,政府就会越来越多地配置休闲体育设施、安排休闲体育活动、承担公共服务责任、制定相关政策,努力为人们创造一个更好的休闲体育氛围。我国也不例外,当休闲体育发展到一定阶段时,政府就会制定相关政策加以引导,并根据休闲体育的发展阶段调整休闲体育政策的内容,制定不同的发展战略。

截至目前,我国尚未构建起一个系统、完备的休闲体育产业政策框架体系,只有一些关于休闲体育的条款散布于大体育产业政策中。本文将部分分析我国休闲体育相关政策的演变过程,总结国外发达国家休闲体育政策的特点和成功经验,剖析我国休闲体育政策存在的问题,提出我国休闲体育政策的制定建议,以期为我国休闲体育的健康发展提供借鉴和指导,并推动相关研究的深化。

第一节　我国休闲体育政策研究

一、休闲体育政策的含义与特征

休闲体育政策即国家以权威形式标准化地规定在一定的历史时期内,休闲体育应该达到的总体目标、遵循的基本原则、完成的主要任务、采取的一般步骤和具体措施。休闲体育政策是一种公共政策。按照公共政策的表现形式,体育休闲政策具体包括命令、指令、指示、决议、决定、公布、公告、通报、通知、请示、批复、报告和会议纪要等各种政策性文件。

作为一种公共政策,休闲体育政策的特征主要表现在以下几个方面:

第一，以政府为主导。虽然我国的休闲体育组织包括政府、企业和社会团体等，但在我国目前的社会体制下，政府及相关部门在休闲体育政策制定中发挥着主导作用。

第二，以解决休闲体育中的问题为导向。休闲体育政策是政府及相关部门为解决阻碍休闲体育发展的普遍性问题而采取的行动。因此，发现并确认休闲体育中存在的问题是制定休闲体育政策的前提。

第三，以维护社会公众的休闲权利为目标。在我国，政府是人民利益的代表者，政府通过制定和执行休闲体育政策来维护社会公众的休闲体育权利。因此，社会公众的休闲体育权利是一切休闲体育政策的出发点和归宿点。

二、我国休闲体育政策的演变过程

根据我国休闲体育的发展阶段，总结出我国休闲体育政策的演变过程如下。

（一）休闲体育的自发发展阶段（1990 年以前）

近代社会，我国颁布体育政策主要是为了通过增强人民体质达到强国的目的，个人的休闲需求是被忽视的。鸦片战争以后，政府将体育作为强国的一种手段，政策的关注点主要在于投入经费修建体育场馆、举办全国运动会和加强体育教育。第四届、第五届、第六届全国教育会联合会先后提出了“推广体育计划”“请速办全国联合运动会及各省运动会”“推广中华新武术”“改进学校体育案”“组织体育委员会”“设国立体育学校”等与体育相关的议案。据统计，1929 年全国共有体育场馆 1139 个，全年投入经费 25.73 万元，1935 年全国体育场馆数量达到 2508 个，全年投入经费 46.91 万元。1937 年抗日战争全面爆发到 1949 年中华人民共和国成立，社会经济建设几乎处于瘫痪状态，体育的发展也不再受到重视。

中华人民共和国成立后，我国居民越来越多地参与到休闲体育活动中去，体育活动逐渐从单一的广播操发展到交谊舞、健身操、攀岩、滑冰、荡树等多种健身休闲方式。当时我国的体育工作的指导思想是“使体育运动成为经常的广泛的运动”。具体措施主要体现在以下三个方面：一是通过广播、报纸、杂志等渠道大力宣传体育工作的指导思想；二是建立体育管理机构、发展体育组织；三是经常组织体育比赛，并在机关、学校、工厂、部队、农村等基层单位广泛推广工间操、广播操等。1954 年，政府在《关于加强人民体育运动工作报告》中明确指出“改善人民的健康状况，增强人民体质，是党的一项重要政治任务”“建立和充实各级体育运动委员会”“使群众性的体育运动首先在厂矿、学校、部队和机关中切实地开展起来。各级党委应将体育工作作为宣传部门的业务之一”。可见,这一时期的政策以提高人民的健康水平作为出发点,重视群众性的体育活动,强调体育运动的普及性和经常性。

改革开放以后,国内经济水平得到较大发展,传统的体育逐渐向休闲体育发展。政府调整体育事业的发展目标,逐渐淡化体育对国家建设的服务功能,注重满足人民群众日益增长的体育需求。将体育正式列为精神文明建设的一部分,除了强调体育对国民体质健康的作用,还强调体育对提高国民精神素质和促进社会化发展的作用。在这一导向的指引下,政府的政策开始向引导国民开展健身活动倾斜。因此,这一时期政策的关注点由强国向健身转变,并把人民的体育利益作为政策的出发点,逐步强化体育的社会功能。

(二)休闲体育的培育阶段(1990~2013年)

进入20世纪90年代,尤其是在1992年明确了市场经济体制的改革目标之后,我国改革的步伐进一步加快,经济实力不断增强,人民的生活水平快速提升,人均可支配收入不断增加。在休假政策方面,1991年,国务院下发了《关于职工休假问题的通知》,带薪休假制度得以恢复。1995年5月1日,我国开始实行双休日工作制。这些均为我国居民参与休闲体育提供了客观的制度保障。

1993年,国际奥委会和世界卫生组织共同签署协议,倡导世界各国发展群众体育,增强身体健康。1995年,国际体育医学联合会体育运动健康委员会和世界卫生组织共同发表声明,呼吁各国政府将发展体育运动和促进公共健康作为一项重要的公共政策,要“为健康而运动”。在此背景下,国务院于1995年6月颁布实施了《全民健身计划纲要》(简称《纲要》),这成为我国20世纪末21世纪初发展全民健身事业的纲领性文件。《纲要》为全民健身活动奠定了基础。各地政府围绕“建设好群众身边健身场地,健全群众身边体育组织,举办群众身边经常性体育活动”三个环节,努力构建覆盖全社会的全民健身体系。同年,国务院颁布了《体育法》,该法的颁布,是新中国体育事业发展的一座里程碑,填补了国家在体育立法方面的空白,标志着中国的体育事业开始进入法治化的新阶段。

2011年,国务院颁布《全民健身计划(2011~2015年)》,提出要遵循“因地制宜、业余自愿、小型多样、就近就便”的原则,开展以冰雪运动、群众登山、元旦登高、健身大拜年、春节长跑、传统武术运动、妇女健身展示、户外运动、江河横渡等群众喜闻乐见的全民健身活动，创新健身活动的形式和内容，使健身活动更加经常化、普遍化、科学化、社会化。同年，国家体育总局发布《体育产业“十二五”规划》，提出要发挥体育健身休闲业的先导作用，开展新型的户外运动项目和体育健身休闲项目，开发民族民间传统体育项目市场；积极发展体育竞赛表演业，引进国际知名的体育赛事，打造有特色、有影响力的赛事品牌，引导赛事表演业有序发展。

2013 年，国务院办公厅发布《国民旅游休闲纲要（2013～2020 年）》，提出“到 2020 年，职工带薪年休假制度基本得到落实，城乡居民旅游休闲消费水平大幅增长”的发展目标，进一步为休闲体育的发展提供了制度保障。

（三）休闲体育的蓬勃发展阶段（2014 年至今）

2014 年开始，我国休闲体育得到了更加快速的发展，很多与休闲体育相关的政策也先后出台。同年 3 月，国务院发布《关于推进文化创意和设计服务与相关产业融合发展的若干意见》，提出要进一步加大体育产业的发展范围。规范体育市场规则，提升体育市场的发展水平，为人民提供更好的健身方式。鼓励一些有特色的地区根据自己当地的特色发展特殊休闲体育。

同年 8 月，国务院发布国发〔2014〕31 号文件，提出可以将休闲体育与旅游业结合，开展既能娱乐又能锻炼身体的旅游休闲体育活动。该文件首次明确提出支持“体育旅游”的发展，对于促进体育与旅游产业的融合发展起到了一定作用。

同年 10 月，国务院发布《关于加快发展体育产业促进体育消费的若干意见》（国发〔2014〕46 号），在这一文件中，全民健身这一概念上升到国家战略层面，“发展健身休闲项目”“营造健身氛围”是这一战略的主要任务。这一战略要求在大力发展自行车、健身跑、健步走、水上运动、射击射箭、登山攀岩、航空、马术、极限运动等休闲体育项目的同时，各地方要因地制宜地开发特色体育项目，如舞龙舞狮、武术、龙舟等，帮助少数民族发展传统体育项目，积极开发适合老年人的休闲体育项目。

国发〔2014〕46 号文件发布后，各地纷纷响应，根据自身的条件制定了适合自己的实施方式，推动了休闲体育的发展。虽然目前我国仍然没有专门针对休闲体育的政策法规，但从历史发展的渐进过程看，全民健身休闲化、娱乐化的理念会随着社会发展成为未来我国体育发展的潮流，我国体育政策的制定也必然顺势而为，将进一步引导和促进休闲体育的发展。

三、国外休闲体育政策的特征与经验

（一）日本的休闲体育政策

日本的休闲体育政策与中国比较相似，也具有公益性和政府主导性特征。日本的《体育振兴计划》中提出了对发展休闲体育的一系列要求。另外，日本政府对休闲体育产业的消费增长水平也很重视，通过分析居民的消费情况，有针对性地对休闲体育产业的发展进行引导。近些年，日本市场经济程度不断提高，休闲体育产业化步伐不断加快，政府为减少财政支出，开始鼓励一些非营利社团机构转变为营利性企业，并将其培育为体育产业主体。

（二）美国的休闲体育政策

相对来说，美国在休闲体育方面的热情并不高，政府也没有对其进行过多干预，这是由美国的市场经济体制决定的。在美国，增进公民福利水平是政府的主要目标，也因此主张产业成长优先，通过实施税收优惠、财政援助等政策措施，以户外运动业和体育健身业的快速发展为先导，带动相关产业领域的发展，较好地兼顾了促进产业发展和提升公民公共福利两个政策目标。

（三）英国的休闲体育政策

英国政府对休闲体育的社会价值非常看重，而且认为其能够作为实现社会发展的途径之一。因此，英国政府对休闲体育进行了较多干预，主要是为了防止其因完全商业化而损害社会利益。由于政府的政策，英国的休闲体育由最初的少数富有阶层独享向社会大众参与转化。立法干预和经济调控是英国政府干预休闲体育的两种方式。但由于政府压力过大，也逐渐改变了事事操心的做法，倡导地方政府、体育俱乐部、体育协会共同参与休闲体育的建设，这与我国的休闲体育政策的发展趋势较为相似。

四、我国休闲体育政策的制定建议

总而言之，随着经济的发展和人们闲暇时间的增多，人们对休闲体育越来越欢迎，政府也顺应这一趋势，将休闲体育的政策变得越来越亲民。不过,由于我国发展基础以及其他方面的一些原因,休闲体育政策目前仍然还没有得到彻底贯彻执行。目前的情况是在发达地区执行得较好,而落后地区的执行情况不是很理想。在此,根据我国休闲体育的发展过程、发展中遇到的问题并借鉴国外的一些经验,提出几点关于我国休闲体育未来政策方面的建议。

(一)提高休闲体育的标准化程度,走内涵式发展道路

目前,我国的休闲体育标准化程度比以前有很大提高,但跟发达国家相比仍然有很大差距。这是因为我国的休闲体育起步比较晚,体系化和系统化的实践尚处于探索阶段。起步晚、发展快是我国休闲体育的发展特点,但在速度快的同时,公共休闲体育服务与管理还存在不足,众多商业性的休闲体育服务供给缺乏相应的指导,大众休闲体育消费服务的质量和安全还得不到有效的保障,服务的设施水平还有待提高。面对这种现象,我们应树立可持续发展的思想,避免走先发展后治理的老路子。从发展之初就要注重休闲体育的内涵与品质,强化对标准化重要性的认识,执行高标准,坚持高品质休闲体育产品的生产,从而引导休闲体育产业朝着高品质、规范化的方向发展。这就要求相关部门要强化标准化建设与执行,使休闲体育的发展做到“有标可依”“有标必依”。

(二)注重休闲体育政策制定与运行的整体性

在我国,关于体育发展方面的规划都是先由国家体育总局颁发总体规划,然后落实到各地体育局执行。但是,休闲体育不只是体育部门的工作范围,还涉及旅游部门、文化部门,只有各部门通力协作,才能保证休闲体育政策真正贯彻落实,而我国的部门主义和地方主义导致的条块分割依然存在。因此,在未来休闲体育政策的制定和执行中,要突破体制、机制障碍,注重多主体参与,共同推动休闲体育政策的落实。

(三)加大力度推动社会资本进入休闲体育产业

国发〔2014〕46 号文件鼓励社会资本进入体育产业领域,开发体育产品,建设体育设施,提供体育服务。但是,我国却并没有同时出台具体的配套执行措施,这导致以上政策在执行方面存在一定困难。目前,我国并不能像美国一样将休闲体育完全交给市场,但可以在国家的引导下大力推动社会资本进入休闲体育产业。努力在休闲体育市场内推进产权的社会化和多元化,尽快形成以民营为主的休闲体育产业经营格局。产业化的实质是企

业化，应加快培育休闲体育企业集团，支持符合条件的休闲体育企业上市。

(四) 制定休闲体育设施投入和运行保护政策

休闲体育设施的合理分配和科学保护是保障休闲体育可持续发展的重要保障。传统的"资源—产品—废弃物"单向流动的发展模式是缺乏经济考虑和环保考虑的。因此，我们可借鉴循环经济的思想对休闲体育设施进行运营和保护。首先，要对体育休闲设施在城市的空间分布进行合理设计规划，特别是要规划好适用于大型体育竞赛表演的体育场馆设施和适应居民日常健身休闲所需的体育场馆设施的空间距离。其次，要促使体育休闲场馆设施的运行模式由传统的事业型向企业型转变，通过市场手段多渠道融资，从而为体育休闲场馆设施的运行和保护提供充足的资金支持。

第二节　我国学校休闲体育发展方向

我国学校休闲体育的发展具有明确的方向，想要对其进行详细研究，需要知道我国休闲体育教育发展概况、我国休闲体育专业的发展概况、我国休闲体育教育存在的问题以及我国休闲体育教育的未来发展等内容。

一、我国休闲体育教育发展概况

在我国，休闲体育教育起步相对较晚，其内涵还需深入挖掘。从 20 世纪末的零星启蒙文献到 2012 年国家教育部将"休闲体育"列为本科目录内专业，只经历了十几年的发展历程。随着我国社会经济的快速发展，人们的体育教育观念发生了根本性的变化，越来越多的人开始重视休闲体育。在这种背景下，我国休闲体育教育开始逐步形成规范的教育体系，推动了我国休闲体育的普及与发展。

从发展时间上看，我国休闲体育教育大致分为两个时期：休闲体育教育萌芽时期和休闲体育教育快速发展时期。

(一) 休闲体育教育发展的萌芽时期

20 世纪 80 年代至 21 世纪初期是休闲体育教育发展的萌芽时期。在这一时期，我国经济快速增长，人们生活水平逐步改善，人们的健身意识不断增强，更多的人开始重视健身运动。另外，一些具有敏锐洞察力的学者开始注意休闲体育的相关变化，并对其理论和实践展开深入研究。这些努力都为今后休闲体育教育的发展奠定了重要基础。

于光远是最早关注休闲文化现象并著书立说的学者之一，他在我国休闲体育教育发展的萌芽时期做出了重要贡献。他认为“玩”是与繁重工作相对而言的轻松愉悦的活动，是一种“自由和创造”。他强调了休闲体育的重要性和必要性，这对于我国休闲体育教育的发展具有启蒙作用。

1983 年，卢元镇教授在《体育科学》上撰文《论消遣与娱乐》，从体育人的视角阐述了休闲体育这一文化现象的发展端倪。虽然当时的卢元镇没有明确指出“休闲体育”这一名词，但他所说的游戏和体育娱乐等相关内容就是今天人们所说的休闲体育，而且也是迄今最早有关休闲体育研究的文献。

1992 年，由王雅林、董鸿杨主编的《闲暇社会学》是我国休闲理论研究的重要著作。该书介绍了欧美等国家早期休闲教育的相关文献及思想，特别是关于“二战”以后，休闲文化发展的一些变化，并对其中的一些典型事件进行了理论剖析，这部著作奠定了我国休闲体育研究的基础。

1995 年，双桥在《体育世界》上发表了《为休闲体育开道》的文章，这也是较早关于休闲体育研究的文献。该文献着重论述了休闲体育的概念及内涵特征，并在休闲体育方面进行了一个全新的突破，推动了我国休闲体育的快速发展。

马惠娣也是研究休闲体育文化的学者之一。她不仅在 2010 年主持翻译出版了我国首部“西方休闲研究译丛”，还出版了《休闲：人类美丽的精神家园》《走向人文关怀的休闲经济》《于光远马惠娣十年对话》等多部学术著作。她从哲学的角度解释了什么是休闲，休闲的重要性和人们为什么要研究休闲，从根本上拓展了休闲理论研究的视野。

通过研究发现，很多休闲类学术著作多是以大众休闲方式为研究对象，而专题性、专业化的休闲研究文章较少，这也为今后理论探索的发展指明了方向。

（二）休闲体育教育快速发展时期

21 世纪初至今是我国休闲体育教育的快速发展时期，这一时期的理论研究呈现出“井喷”式的发展态势。究其原因，是居民可支配收入增长和个人闲暇时间的增多。在这种环境影响下，越来越多的学者敏锐洞察到这一时期社会文化现象的变化与发展，开始从多个领域研究休闲体育理论。

“2000 年，于涛在《天津体育学院学报》上撰文，以哲学方法论为手段，从意义和价值的角度分析了休闲体育的概念内涵。刘华平在《21 世纪初的休闲体育》一文中，指出了休闲体育在21世纪初的三个发展状况：休闲体育将重返教育的殿堂，休闲体育营利性服务组织机构大幅度增加，休闲体育内容多样化、自然化。"①

2001年，李晓东等在《论我国高校休闲体育》一文中，阐述了高校休闲体育的优缺点及发展方向。薛海红等在《休闲与休闲体育》中指出在我国休闲体育发展的必要性及具体措施。2002年，彭文革在《论休闲运动教育》中，着重对休闲教育的定义及基础理论进行了详细阐述。

在这之后，学者们开始关注休闲体育与人的发展、休闲体育与社会的和谐关系。汪玲玲的《论休闲体育与人的全面发展》和郭琴的《和谐社会与休闲体育的关系》等，为休闲体育与人的健康发展提出了更多、更有指导意义的理论。

与此同时，学者们也开始反思休闲体育发展中存在的问题以及未来发展趋势。梁利民的《当前休闲体育研究若干问题论析》和石振国的《现阶段发展休闲体育的理性分析》，都指出了开展休闲体育专门研究等方面的观点。田慧和周虹的《休闲、休闲体育及其在中国的发展趋势》，为休闲体育全民性发展提供了更广阔的空间。随着休闲体育研究的不断深入，其重要性越来越引起人们的高度重视，推动了现代休闲体育的普及。

除此之外，学者们也从心理学、哲学、伦理学等其他学科方面展开研究。徐成立等发表的《休闲体育的伦理定位、失位和复位》和石振国等发表的《精神视域中休闲体育的意蕴解读》等文章，都是从不同学科角度阐述休闲体育发展途径。

从休闲体育教育教学内容角度分析，学者们对此展开了更为广泛的理论研究。让人们根据个人兴趣爱好、技能环境，从事一些健康、有益的活动来合理安排自己的闲暇时间。同时也从历史和文化的高度上认清了休闲体育的重要性，通过分析休闲与文化、经济、政治的关系，来说明休闲的重要性。人们在自我发展的过程中，实现了人与人、人与社会的协调发展，让人们找到自我，活出真实的自己。

程一军在《休闲体育教育：现代大学生的必修课》中提到，休闲体育教育在提升个人生活质量方面具有积极的作用，它可以培养人们的价值判断与价值观念，保证人们的健康成长。在高校中开设休闲体育教育课程是当前体育教育发展的重要趋势，这样不仅能让更多的学生接触和学习休闲体育，也为休闲体育营造更好的发展环境。当前，我国绝大多数高校已经开设休闲体育专业，这从根本上推动了休闲体育教育的发展。

---

① 刘华平. 21世纪初的休闲体育[J].北京体育大学学报，2000(2).

李斌认为，休闲体育与生命化、生活化与生态化等理论是相互相通的，它们之间具有密不可分的联系。从生命角度看，休闲与休闲体育教育是对人的全面、自由发展的建构；从生活角度看，休闲与休闲体育教育是对追求健康、科学、文明生活方式的保障；从生态角度看，休闲与休闲体育教育是“原生态”教育的体现。在此基础上，人们可以更加准确地预测休闲体育未来发展的重要方向。

当前休闲体育教育的专门性研究已经步入了快速发展的阶段，一些专门性的休闲体育机构也纷纷成立，这让休闲体育迎来了发展的春天，使其发展领域更加广泛。例如，中国人民大学成立了“休闲经济研究中心”，湖北大学成立了“湖北休闲体育发展研究中心”，华东师范大学成立了“休闲研究中心”，湖南商学院成立了“休闲产业研究所”等。这些都是休闲体育发展的重要显示，也增强了学者研究的信心。

2014年国务院印发《关于加快发展体育产业促进体育消费的若干意见》，在该意见中，政府明确了休闲体育产业在体育产业中的重要地位，为今后休闲体育事业的发展提供了政策上的依据。国家政策的支持将会更进一步地推动休闲体育的发展，为我国休闲体育教育的规范化、专业化、现代化及科学化发展提供重要的保障。

二、我国休闲体育专业发展概况

休闲体育发展是一个循序渐进的过程，其专业化发展是其发展成熟的一个重要标志。随着生产力的快速发展，人们逐渐进入了休闲社会，一些社会特征开始明确显现出来，并成为人们研究的一个重要领域。

特别是进入21世纪之后，这种社会特征更加明显。当人们在这种社会氛围中享受社会发展带来的便利时，又会面临物质条件和闲暇时间增多的一种空虚，特别是对如何合理规划休闲还没有形成科学的思想体系，也没有掌握相关专业技能。针对这些情况，越来越多的人需要更多的专门性休闲体育人才来满足发展需求。为满足这些不断增长的发展需求，需要推动休闲体育专业发展，培养休闲体育所需的高水平专业人才，让更多的人为休闲体育做贡献。

关于我国休闲体育专业发展概况研究，可从专业发展历程、专业培养目标及专业课程设置三个方面展开。

（一）专业发展历程

“2003年，武汉体育学院联合广州体育学院向教育部申报休闲体育专业,成为该领域专业建设发展的排头兵。2006 年,广州体育学院申报该专业获得批准,并于 2007 年开始面向全国招生,揭开了我国休闲体育专业发展的新篇章。随后几年,武汉体育学院、首都体育学院、上海体育学院、沈阳体育学院、西安体育学院、山东体育学院、杭州师范学院、常州大学等院校相继开办了休闲体育专业。在 2011 年经教育部备案或审批同意设置的高等学校本科专业名单中,北京体育大学、河北体育学院、南京体育学院、曲阜师范大学、北京师范大学珠海分校、海南大学三亚学院、成都体育学院 7 所院校获得了休闲体育专业的办学资格。”①

2011 年 5 月 2 日,教育部公布的普通高等学校本科专业目录中,“休闲体育”作为“新兴专业”被设为“体育学类”七个专业之一。从这一事件可以看出国家对休闲体育专业发展的支持和认可。有了国家的支持,休闲体育专业的发展会更加规范化和专业化,这也为休闲体育教育理论体系的构建奠定了坚实的基础。

从 2007 年休闲体育专业试点开始,到 2014 年已经有 49 所高等院校开设了休闲体育专业(见表 4-1),这让更多的人看到了休闲体育发展的重要性。

表 4-1　我国休闲体育专业开设院校年份统计

年份	院校
2007	武汉体育学院、广州体育学院
2008	上海体育学院、首都体育学院、西安体育学院、沈阳体育学院、山东体育学院
2009	杭州师范大学
2010	常州大学、淮南师范学院
2011	北京体育大学、河北体育学院、南京体育学院、曲阜师范大学、北京师范大学珠海分校、海南大学三亚学院、成都体育学院
2012	河北传媒学院、太原工业学院、吉林体育学院、淮海工学院、常州大学怀德学院、安庆师范学院、黄山学院、池州学院、湖北大学、武汉体育学院体育科技学院、广东海洋大学、广州大学松田学院、琼州学院、成都信息工程学院银杏酒店管理学院、四川师范大学文理学院、贵州大学、贵阳医学院

① 李相如,钟秉枢.中国休闲体育发展报告[M].北京:社会科学文献出版社,2016.

续表

年份	院校
2013	哈尔滨体育学院、安徽师范大学、福建师范大学协和学院、莆田学院、青岛科技大学、湖北经济学院、乐山师范学院、成都学院、云南大学滇池学院
2014	江苏科技大学、皖西学院、武汉商学院、海口经济学院

注：截至 2014 年，资料来源于教育部和各学校网站。

从表 4-1 开设休闲体育专业的院校分布来看，既有单科体育院校，也有师范类院校和综合性院校。其中，广州体育学院是我国第一所开设休闲体育专业的单科体育院校，杭州师范学院是我国第一所建立休闲体育专业的师范类院校。在培养层次上，除上海体育学院具有“休闲体育学”硕士学位授予权外，其他院校均具备“教育学”学士学位授予权。

另外，对表 4-1 中开设休闲体育专业的 49 所高等院校进行分析后发现，“其中有 31 所非体育专业院校，占到了所有开设休闲体育专业院校的 60%以上（见图 4-1），其中师范类院校占 19.0%，综合大学占到了 16.1%，其他类院校占到了 64.9%”。[①]

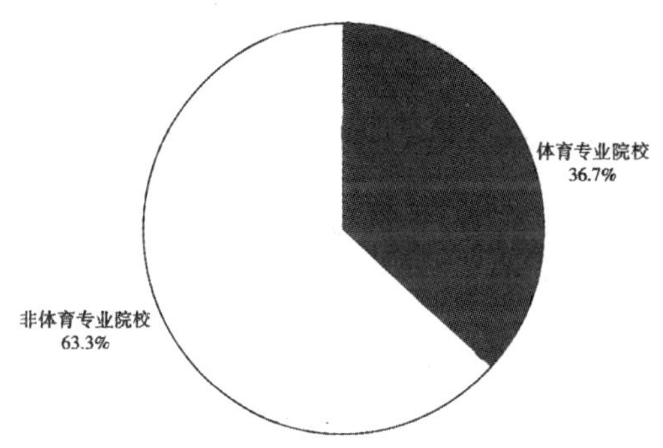

图 4-1　截至 2014 年我国体育专业院校与非体育专业院校所占比重

（二）专业培养目标

一门专业必须有自己明确的培养目标，培养目标是学校教育教学活动的出发点和落脚点，是根据社会发展和社会需求来制定的。从当前开设休闲体育专业院校的情况看，由于学校办学类型、办学方向、所处地域不同，专

① 李相如，钟秉枢.中国休闲体育发展报告[M].北京：社会科学文献出版社，2016.

业培养目标也各不相同。但总体人才培养目标都围绕“应用型人才”和“复合应用型人才”两种类型开展。应用型人才培养目标主要关注、培养具有休闲体育的基本理论、知识与技能，能胜任在各类学校、企事业单位、协会、社区、健身俱乐部、体育旅游等部门或行业从事休闲体育服务、组织、健康管理等方面的人才。而复合应用型人才培养目标主要关注、培养不仅能掌握休闲体育基本知识和技能，有较强的休闲体育实践能力，还要懂休闲体育有关的经营与管理，能从事休闲体育相关的指导与服务、经营与管理、策划与设计等工作的人才。

（三）专业课程设置

“专业课程设置既是休闲体育教育的重点，也是休闲体育教育的难点。课程设置主要是为实现休闲体育专业培养目标而制定的。从当前发展情况来看，我国休闲体育专业课程设置主要由公共基础课程、专业基础课程、专业主干课程和专业选修课等课程内容组成。公共基础课程的内容大致相同，主要包括马列原理、大学英语、计算机基础等课程内容。专业基础课程与之有所不同，但主要课程也大致相同，主要包括体育学概论、体育管理学、体育社会学、休闲学基础、休闲体育导论等课程内容。专业主干课程因地域不同课程内容也有所不同，主要包括基础休闲学、休闲体育概论、休闲体育社会学、休闲体育产业学、休闲体育管理、休闲体育经营与商业开发、休闲体育教育学、休闲体育心理学、运动人体科学、休闲体育理论与方法、休闲体育市场开发与营销。专业选修课程因学校的办学目标以及办学特色不同而不同，有的院校注重休闲体育产业与经济方面的发展，开设的课程就会围绕体育产业概论、体育产业与经济、体育赛事经营管理、体育科研方法、公共关系学、体育产业经济学、休闲体育统计学、休闲体育俱乐部经营与管理等课程展开；有的院校注重休闲体育传统文化的传播，开设的课程就会围绕体育心理学、体育教育学、人体科学基础、中华传统养生、运动损伤防治与急救、运动处方、康乐体育服务与管理等课程展开。”①

通过对休闲体育专业课程的设置研究发现，专业培养目标的设置不是盲目制定的，它主要由五个部分组成：一是与休闲学相关的课程；二是与体育学相关的课程；三是与运动人体科学相关的课程；四是与休闲体育管理相关的课程；五是与休闲体育技能服务相关的实践类课程。每个学校可以根

① 李相如，钟秉枢.中国休闲体育发展报告[M].北京：社会科学文献出版社，2016.

据自身具体发展情况设置课程和制定专业发展目标。由此可以看出休闲体育专业作为新兴交叉学科的强大生命力。

三、我国休闲体育教育存在的问题

自休闲体育教育专业成立之日起,就呈现出良好的发展势头,但人们也应该充分认识到我国休闲体育发展才经历很短一段时间,还存在很多问题,其专业发展面临着基础薄弱、经验不足、师资力量缺乏等现实情况,这需要人们认清问题实质,找出解决问题的方法。具体来看,我国休闲体育存在以下几个方面的问题。

(一)专业缺乏独立性,特色不明显

我国开设休闲体育专业的院校大多是从体育管理、体育经济、社会体育、体育健康等专业划分出来的,因此,深入研究可发现其存在专业缺乏独立性、特色不明显的问题。

休闲体育是社会发展的必然产物,与社会经济发展有密切关系,其特别重视人的精神层面的价值含义。因此,在对休闲体育专业人才的培养过程中,除传授基本的理论知识外,还要介绍健康管理方面的有关内容,真正凸显休闲体育的专业特色,培养出现代社会发展的专业人才。具体来看,休闲体育专业要真正从其他专业或者院系中剥离出来,形成自己独立的专业特色和办学方向,推动休闲体育专业的科学化和现代化发展。

(二)人才培养目标不统一,缺乏指向性

休闲体育专业要培养什么样的人才,是学校办学前必须首先要考虑的问题。所以根据社会需求培养符合要求的应用型人才和复合型人才,遵循教育发展的一般规律。目前,造成我国高校休闲体育专业人才培养目标不相同的原因主要包括:一是各高校可利用的教学资源、教学条件不同造成人才培养目标的不统一;二是有些学校的专业人才培养方案是在借鉴其他学校专业培养方案基础上确定的,没有结合自身的实际情况,因而存在很大的不确定性;三是人才培养目标没有根据社会发展需求而改变,导致人才培养目标缺乏时代性和系统性;四是我国国家教育部没有出台相应的休闲体育专业规范导致人才培养目标缺乏指向性。综合来看,应充分认识这些问题,并努力解决。

（三）课程设置不合理，缺乏科学性

课程体系是实现人才培养目标的重要环节，因此，课程设置是否合理、是否科学，不是某个人或某几个人说了算，而要经过专门的科学论证才能确定。目前，我国休闲体育专业课程缺乏科学性，主要表现在：其一，很多学校的专业课程体系完全按照“专业基础课程+专业核心课程+专业方向课程+专业选修课程”的模式，缺乏变通性和灵活性。其二，很多学校还是按照传统的“体育教育专业”课程模式开展，过于保守，并不适应多数学生发展的需求。因此在课程设置上不仅要重视学生社会实践能力的培养，更要充分考虑休闲体育的性质和特点，培养出适应社会发展的专业性人才。其三，在课程设置时没有充分考虑学生的个性化需求，不能满足不同学生的兴趣爱好，所以要把个性化和专业化培养模式放在一个重要的位置上，符合休闲社会的发展趋向。

（四）专业性师资力量缺乏

目前，我国休闲体育专业的教师队伍多数是从原有专业的师资力量中分离出来的，其专业性水平很难得到保障。因此，专业性师资力量缺乏是目前专业发展中的一个现实问题。所以，随着休闲体育教育专业化进程的加快，开展休闲体育教育的专门人才培养是推动我国休闲体育健康发展的重点和难点。

以上几个方面是我国休闲体育专业发展过程中面临的重要问题，但同时也要注意其他产生影响的问题，做到全面分析与考虑。

四、我国休闲体育教育的未来发展

休闲体育是为适应不断增长的社会休闲而产生的一种新的体育形式。作为专门培养人才的休闲体育教育，它会以其独特的方式推动该领域的快速发展，其前景广阔、势头迅猛，值得更多的人去关注它的未来发展。休闲体育的未来发展主要表现在以下几个方面。

（一）建设规范的专业，形成专业特色

休闲体育教育专业建设需要在教育部主要领导的指引下，由全国该领域专家共同研究制定。在建立专业规范过程中应重点考虑以下几方面问题：一是规范涵盖内容要准确和广泛，要为各学校办学提供灵活的发展空

间;二是要凸显专业特色,不仅要考虑国内休闲体育未来发展方向,还要学习和借鉴国外知名高校的专业发展模式,以建设符合中国特色社会发展的休闲体育教育专业。

(二)明确培养目标,确立专业发展方向

休闲体育教育一旦明确了人才培养目标,就要确立专业发展的未来方向。这里不仅考虑针对性较强的休闲体育运动技能、基础知识、实践操作能力,还要考虑具有专业特色的休闲体育经营管理、休闲体育健身指导、体育健身休闲服务、休闲体育设施的规划设计等高层次培养目标。

(三)立足社会发展需求,建设科学的课程体系

休闲体育教育专业课程设置的好坏,直接关系到其人才培养目标能否顺利实现。所以,各高校应结合社会发展的具体要求,合理建设自己的课程体系。休闲体育教育专业课程设置不仅要经过校内外专家的充分论证,还要根据专业的发展需求进行改变,一定要符合教育发展规律和专业发展的需求。

(四)畅通师资建设渠道,打造专业的教师队伍

一支高水平的专业师资队伍是实现休闲体育专业人才培养目标的重要保障。因此,想要办好休闲体育专业,必须畅通师资建设渠道,打造一支专业化的教师队伍。具体来看,不仅要选派部分专业性强的教师到休闲体育专业发展比较好的地方学习,还要加强专业教师流动,真正做到为我所用就可以。在这个过程中不断吸收一些新思想、新理论、新方法,构建符合我国国情的休闲体育专业的发展平台。

休闲体育是一种文明、健康、科学的休闲生活方式。休闲体育不论是科学研究还是实际操作,不论是专业建设还是服务管理,都需要大家的共同努力。不管该领域如何变化,我们的总目标只有一个,那就是推动我国休闲体育事业的全面健康发展。

第三节　我国城乡居民休闲体育参与时间研究

休闲活动参与时间是人们在工作之余,为维持生存和追求精神需求而

参与各种休闲运动的时间,它是人们日常生活的重要组成部分,在丰富人们生活方面发挥着重要作用。

当前,随着我国社会经济的发展,人民物质生活水平的提高,人们越来越注重精神文化的需求,开始更多地参与各种各样的休闲活动,休闲活动时间在人们生活中的比例也越来越大。可以说,现代人休闲活动时间所占生活时间的比重已成为衡量人们生活质量高低的重要标志。

大量的文献研究显示,中国城乡居民的不同年龄世代在休闲活动参与时间上是不一样的。出现差异的原因有很多,其中一个很重要的方面是社会的变迁发展,因为各个世代人群成长的时代环境不同,经历的社会历史事件也不同,所以形成了不同的生活观念。由此可知,中国社会近40年的高速发展和变迁导致了中国不同年龄世代人群在生活及消费方式上的显著差异,这在有关中国城乡居民世代行为差异的相关文献中描写得比较详细,这里不一一叙述。本书主要采用的是中国家庭动态调查2010年的相关数据,通过这些数据对我国城乡居民休闲活动参与时间的各种因素进行分析,包括城乡、性别、学历以及婚姻差异等多个方面,从而对我国城乡居民休闲活动参与时间的年龄世代效应进行深入探讨,以求为我国城乡居民丰富休闲活动种类,增加休闲活动参与时间提供理论支持与帮助。

一、研究目的与研究对象

(一)研究目的

本文是一个探索性的研究,目的是确定中国世代人群之间休闲活动参与时间究竟有没有差异;如果有差异,产生这种差异的原因是什么;这种差异是否与城乡居民年龄世代在影响个人成功因素观念、个人精神状态、受教育情况、社会地位等方面的差异一致?除此之外,还要探讨究竟是哪些原因导致了我国城乡居民休闲活动参与时间的年龄世代?上述种种问题都是本次研究的目的。

(二)研究对象

本节的研究对象是我国城乡居民的休闲活动参与时间,应注意的是,这里所讲的休闲活动参与时间是以周为单位的,具体分为工作日的休闲活动参与时间和周末的休闲活动参与时间。具体的休闲活动参与时间调查通过调查问卷开展，调查问卷内容由体育锻炼、健身活动、业余兴趣爱好、使用互联网娱乐、游戏和消遣活动、玩耍、阅读传统媒体等9个休闲活动的参与时间构成。

二、研究方法

（一）文献资料法

使用文献资料法进行查找时，我们选择了休闲、休闲活动参与、参与时间、年龄世代等几个关键词，通过这些关键词进行文献收集，一共找到了50多篇相关文章。具体来看，一些学者从生活时间结构与时间消费的角度出发，对中国城乡居民的休闲活动参与时间进行了分析，并得出了结论：我国城乡居民参与休闲活动的时间并不多，因而应积极参与各种休闲活动。也有一些学者采用计量方法检验分析了我国城乡居民休闲活动参与时间的数据，得出了改革开放以来我国城乡居民的休闲活动参与时间对居民的消费增长有明显的正向影响。还有学者认为，健康的休闲活动能够有效促进经济的发展，但工业化阶段居民较低的休闲偏好会在一定程度上抑制经济增长，因为我国正处于工业化阶段，所以休闲活动的参与时间在整体上对我国经济增长有微小的副作用。

相对于国内的研究情况，国外学者对休闲活动参与时间的研究不管是从文献数量方面还是研究设计方面，都有明显的先进性，值得国内学者借鉴。比如，一些学者立足于独特的视角，深入研究了孕期妇女的休闲活动参与时间的体力活动对婴幼儿的影响，并得出结论，孕期的体力活动对婴幼儿形体的发展具有持续的影响。也有一些学者对在校儿童休闲活动参与时间与久坐和肥胖的相关性进行了研究，认为休闲活动参与时间对肥胖有影响。还有学者认为，家庭中男性与女性在休闲活动参与的时间上是不一样的，虽然两者的休闲活动参与时间都比较短暂，但男性休闲活动参与时间比女性要稍多一些。

本书认为，上述的这些文献给本书提供了巨大的理论支持，通过分析与研究，本书认为研究应从以下几点入手：第一，分析当前中国城乡居民休闲活动参与时间受到哪些因素的影响；第二，这些因素对休闲活动参与时间有多大的影响。

（二）问卷调查法

本书的数据主要源于中国家庭动态跟踪调查2010年调查项目（Chinese Family Panel Studies，CFPS），其受到了国家“985工程”的支持。该数据是由北京大学中国社会科学调查中心实施的一项旨在通过跟踪收集个体、家庭、社区三个层次的数据，反映中国社会、经济、人口、教育、体育健康的变迁，为学术研究和政策决策提供以数据为目标的重大社会科学项目，堪称当前中国社会研究的重要数据。[①] 2010 年中国家庭动态调查报告是于 2013 年 4 月公布的，每个机构和个人都能通过北京大学中国社会科学调查中心的官方网站获得详细的数据。同时，本次调查也是基于第六次人口普查的结果，采用了多阶分层随机抽样方法进行抽样选择，调查的样本覆盖了全国 25 个省级单位的 16 岁以上的城乡居民，一共发放了 35000 份问卷，最后回收的有 33000 份问卷，其中的有效样本为 32800 份。

（三）数理统计法

本书重点采取了多因素方差对休闲活动参与时间在年龄世代、城乡、性别、社会地位、婚姻、学历等方面的差异进行分析。此外，还运用了具有虚拟变量的线性回归来研究影响城乡居民休闲活动参与时间的因素。本书使用 STATA13.0 软件进行结果统计。

三、调查对象与样本描述

（一）调查对象

本书选取了 2010 年中国家庭动态调查项目的成人问卷，调查对象包含全国 25 个省市城乡的 35000 个样本，调查对象都是年满 16 周岁的成人，调查以城乡家庭为基本单位。

（二）调查样本的描述性统计分析

关于本书研究的分组依据，我们选择了学者王海忠的中国消费者世代及民族中心主义轮廓研究的结果与菲利普·科特勒《市场营销学》中的中国消费者的世代特征。因为这两个文献是研究我国年龄世代中社会现象的重要参考文献，它们被引用的次数达到了 300 次，下载量也超过了 2000 次，是非常有参考意义的文献资料。本书参照上述两个文献中的年龄分组，将年龄分为传统一代、失落一代、幸运一代、转型一代、独生一代等不同类型，其中，传统一代（1921～1945 年）的样本达到总样本的 16.95%，失落一代（1946～1960 年）占总样本比例的 15.73%，幸运一代（1961～1970 年）在总样本中达到 30.56%，转型一代（1971～1980 年）占比达到 25%，独生一代

① 李相如，钟秉枢.中国休闲体育发展报告[M].北京：社会科学文献出版社，2016：39.

(1981 年至今)占 11.76%。学历分组主要有三个类型:小学及以下、初中与高中、大学等,小学及以下占比为 48.96%,初中与高中的占比为 42.64%,大学学历的占比为 8.38%。关于调查对象的性别,男性占比为 48.77%,女性占比为 51.23%。婚姻的分组上,未婚占比为 12.98%,已婚的占比达到了 80%,离异的比例为 7.02%。在城乡居民方面,城镇居民的占比达到了 46.63%,农村居民的占比达到了 51.23%。如表 4-2 所示。

表 4-2　自变量与因变量的描述性统计分析

变量名称	变量类别	休闲活动参与时间 Mean(SD)
传统一代(1921~1945 年)	分类变量,自变量	9.63(5.32)
失落一代(1946~1960 年)	分类变量,自变量	7.68(4.71)
幸运一代(1961~1970 年)	分类变量,自变量	7.34(4.8)
转型一代(1971~1980 年)	分类变量,自变量	8.13(5.58)
独生一代(1981 年至今)	分类变量,自变量	9.29(6.26)
男性	分类变量,自变量	8.77(5.48)
女性	分类变量,自变量	7.68(5.14)
未婚	分类变量,自变量	10.32(5.45)
已婚	分类变量,自变量	7.80(5.13)
离异	分类变量,自变量	9.02(6.03)
城市	分类变量,自变量	6.90(4.84)
农村	分类变量,自变量	9.71(5.51)
小学及小学以下	连续性变量,自变量	7.02(5.13)
初中与高中	分类变量,自变量	8.91(5.23)
大学	分类变量,自变量	11.60(5.01)
个人年收入	连续性变量,自变量	2038.53(1173.93)

注:表中的均值与标准差为所对应自变量的休闲活动参与时间的均值与标准差。

四、分析与讨论

(一)我国城乡居民休闲活动参与时间的多因素方差分析

对城乡居民每周休闲活动参与时间进行多因素方差分析(见表 4-3)。将个人的年龄世代、城乡、性别、婚姻状况、学历等作为自变量,将个人每周的工作时间、个人年收入两个连续性变量作为协变量。针对这些因素的分析表明，年龄世代（F = 11.09，p = 0.000）、性别（F = 583.49，p = 0.000）、学历（F = 247.98，p = 0.000）、婚姻状况（F = 185.65，p = 0.000）等因素对城乡居民休闲活动的参与时间都有一定影响。作为控制变量的周工作时间（F = 5721.83，p = 0.000）与个人年收入（F = 415.93，p = 0.000）对城乡居民的休闲活动参与时间影响显著。由此可以看出，上述变量都或多或少对我国城乡居民休闲活动的参与时间有影响。那么，这些因素对城乡居民休闲活动参与时间有怎样的影响？每个自变量对因变量的影响程度有多大？这些问题无法得到回答，因为多元方差分析只是一个定性分析。所以我们要进行稳健回归研究，以对因变量个人休闲活动参与时间的影响效果进行分析。

表 4-3　我国城乡居民休闲活动参与时间的多因素方差分析

Source	Partial SS	Df	Ms	F	Prob>F
Model	209494.64	12	17457.87	915.03	0.000
年龄世代	846.12	4	111132.48	11.09	0.000
性别	211.53	1	11132.48	583.49	0.000
城乡	10975.24	1	10975.245	575.30	0.000
婚姻状况	7083.89	2	3541.94	185.65	0.000
学历	9462.48	2	4731.94	247.98	0.000
个人年收入	7935.57	1	7935.57	415.93	0.000
周工作时间	109167.04	1	109167.04	5721.83	0.000
残差	468295.04	1	19.077		0.000
total	468295.2	24557	27.60		0.000

（二）我国城乡居民休闲活动参与时间的回归方程分析

对个人每周休闲活动参与时间进行线性回归。对个人年收入进行取对数转换，让其与正态分布相符合。其中，年龄世代、性别、城乡户口、婚姻状况、学历等因素为虚拟变量，每周工作时间、个人年收入等为连续性变量。具体的分析结论如下所示：回归模型（R-squared-0.301，Prob>F = 0.000）、（F12，2454）模型通过检验，说明了通过抽样可以推断出总体概况。从自变量年龄世代看，以传统一代为参照，则失落一代每有一个标准差的变化，城乡居民每周的休闲活动时间将减少 0.749 小时；以传统一代为参照，则幸运一代每有一个标准差的变动，则城乡居民每周的休闲活动时间将减少 0.561 小时；以传统一代为参照，转型一代每有一个标准差的变动，城乡居民每周休闲活动的时间将会减少 0.417 小时；以传统一代为参照，独生一代每有一个标准差的变动，则城乡居民每周休闲活动的时间将减少 0.42 小时。

从自变量学历的情况看，以小学及以下为参照，初中与高中学历每产生一个标准差的变动，城乡居民休闲活动的时间会增加 1.136 小时。以小学及以下为参照，大学学历有一个标准差的变动，城乡居民休闲活动的时间会增加 2.296 小时。通过这些变动的规律，我们能够看出，我国城乡居民随着学历的不断提高，休闲活动的时间在逐步增多。

从自变量婚姻状况看，当以未婚为参照时，已婚的每产生一个标准差的变动，休闲活动的时间会减少 2.272 小时。这个推论是符合社会实际情况的，因为人们结婚以后，要承担更多的家庭责任，必然会使休闲活动时间减少。当以未婚为参照时，离异的城乡居民每有一个标准差的变动，休闲活动时间会减少 1.607 小时。在性别方面，当以女性为参照时，男性居民每有一个标准差的变动，休闲活动的时间会增加 1.444 小时。在自变量户口中，以农业户口的城乡居民为参照，非农户口居民每有一个标准差的变动，休闲活动的时间会增加 1.502 小时。在个人年收入方面，年收入有一个标准差的变动，休闲活动的时间会增加 0.411 小时。因为收入是休闲活动消费支出的基础，收入增加，在消费支出方面自然也会有所增加。所以，收入与休闲活动参与时间成正比。而工作时间与休闲活动参与时间成反比。因此，个人周工作时间每变动一个标准差，休闲活动的时间会减少 0.321 小时。如表 4-4 所示。

表 4-4　我国城乡居民休闲活动参与时间线性回归分析

休闲活动参与时间	Coef.	RobustStd.Err Err	t	P>t	95%	CI
年龄世代						
失落一代	−0.749	0.114	−6.54	0.000	−0.974	−0.525
幸运一代	−0.561	0.110	−5.07	0.000	−0.779	−0.344
转型一代	−0.417	0.119	−3.49	0.000	−0.652	−0.182
独生一代	−0.420	0.156	−2.69	0.000	−0.726	−0.113
性别						
男	1.444	0.060	23.88	0.000	1.325	1.562

续表

休闲活动参与时间	Coef.	RobustStd.Err Err	t	P>t	95%	CI
城乡						
城市	1.502	0.062	23.87	0.000	1.379	1.626
婚姻						
已婚	−2.272	0.129	−17.57	0.000	−2.525	−2.018
离异	−1.607	0.189	−8.51	0.000	−1.979	−1.237
学历						
初中与高中	1.136	0.064	17.56	0.000	1.009	1.263
大学	2.296	0.115	19.94	0.000	2.070	2.521
个人年收入	0.411	0.0232	17.73	0.000	0.366	0.457
周工作时间	−0.321	0.004	−76.41	0.000	−0.329	−0.313
常数项	7.668	0.208	36.80	0.000	7.259	8.076

五、讨论

（一）我国城乡居民地域、性别与休闲活动参与时间分析

通过计算可知，我国城乡居民传统一代（1921～1945年）出生的人，现在的年龄大多在73～97岁，这部分人是高龄人群，他们已经退休，没有其他事情，空闲时间比较多，可以参加休闲活动，因此其休闲活动时间平均可达9.64小时/周。1946～1960年出生的人群目前在58～72岁，他们正处于退休或半退休的状态，个人的时间也比较多，因此其休闲活动的时间也较多。1961～1973年出生的人群目前在45～57岁，这类人群正处于事业巅峰期，承担着家庭的重任，所以他们的休闲活动参与时间比较少。1974～1984年出生的人群目前年龄在34～44岁，这类人群属于中青年，工作的时间不长，休闲活动的时间处于中间层次。独生一代（1985年至今）中的很多人都刚刚组建家庭，但这类群体具有个性化特征明显，注重自我，具有工作休闲化的发展趋势，所以，他们的休闲活动时间是比较多的。而值得注意的是，由于各方面的原因，不管处于哪一年龄段的人群，男性的休闲运动的时间比女性都要稍多一些。如图4-2所示。

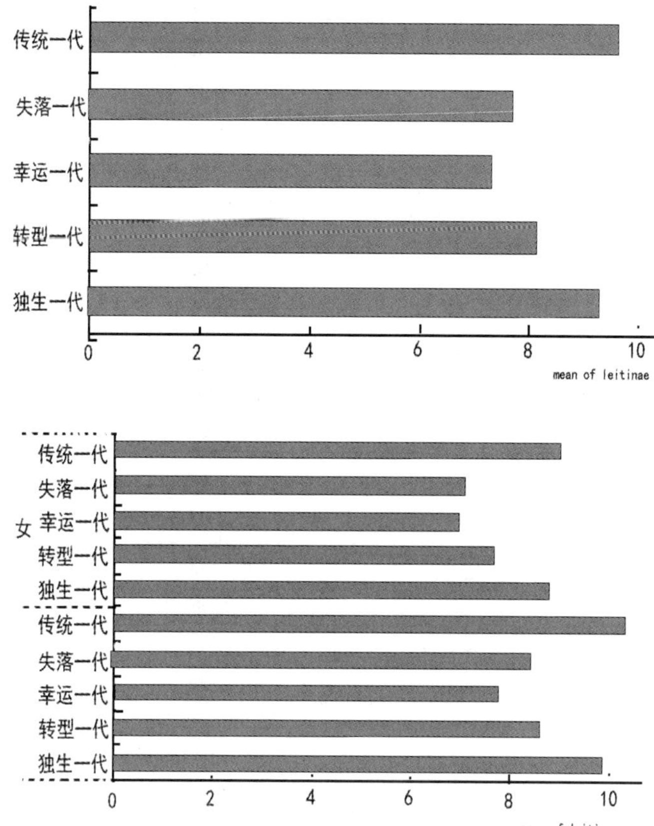

图 4-2　我国城乡男女居民休闲活动参与时间与年龄世代分布

(二)我国城乡居民的地域与休闲活动参与时间分析

从图 4-3 我们能够看到,我国城市居民休闲活动的时间要比农村居民多一些。这种情况是由多方面原因造成的。从硬件条件方面分析,农村地区的基础设施薄弱,各项设施条件都不足,如体育场地设施,大约 90%以上的体育场馆都分布在城市,农村地区的体育场地和场馆很少,导致农村居民想要参加休闲活动却没有场地。从上网条件来说,根据我国互联网调查中心公布的数据可以看到,农村网民每周的平均上网时间为 17.4 小时,低于城镇网民的 21.7 小时,这是因为城乡地区互联网的普及率差距较大,城市地区的互联网普及率已经达到了 59.1%,而农村地区的普及率仅为 23.7%,还不到城镇的一半。在阅读传统媒体方面,我国城乡居民的差异也较大,城市居民每年的人均图书阅读量为 5.62 本,农村居民的人均数量仅为 3.11 本,不仅在数量上存在差异,阅读率也远远低于全国平均水平,仅为 29.9%。在社区服务与公益互动上,城镇居民与农村居民之间也有显著差异。此外,通过对比发现,城市居民年龄世代的休闲活动参与时间的"U"形结构要比乡村更加明显,可见地域因素加大了年龄世代休闲活动参与时间的差异。

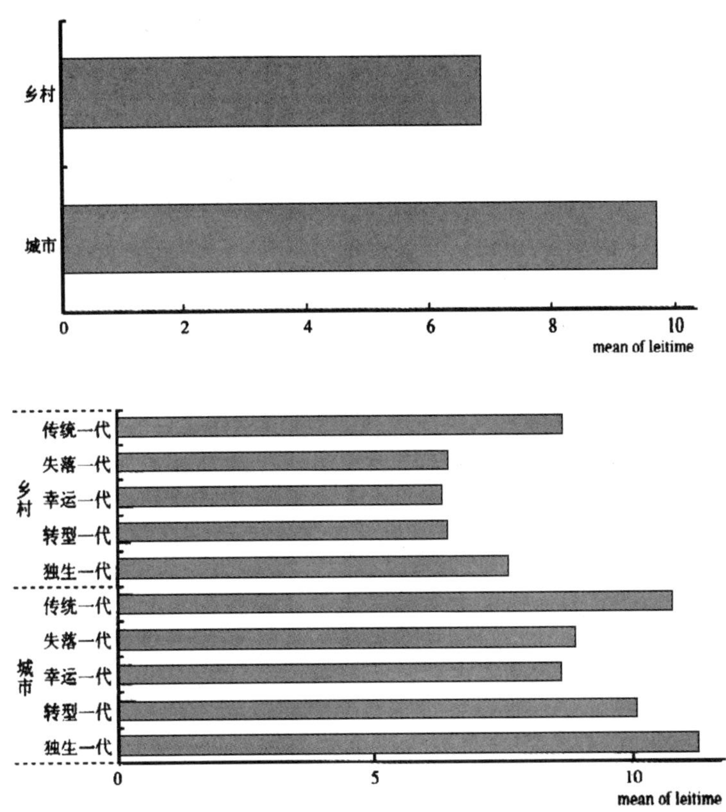

图 4-3　我国城乡居民休闲活动参与时间与年龄世代分布

(三)我国城乡居民的学历与休闲活动参与时间分析

从图 4-4 可以看出,学历越高,个人休闲活动参与的时间越多。我国城乡居民在年龄世代上呈现出随学历不断升高而休闲活动参与时间逐步递增的趋势。在西方经济学看来,学历层次的提高,个人的年收入会升高,而随着收入的增加,人们对收入的需求便会降低,而是更多地去追求高品质的生活,这就是工资拐点效应。根据这一效应,随着学历层次的提高,人们的休闲活动需求会逐步增加,休闲时间也会增加。从图 4-4 可以看出,在三个学历层次上的年龄世代都存在着"U"形现象,不过,随着学历层次的提高,"U"形逐步由扁平向深凹变化。

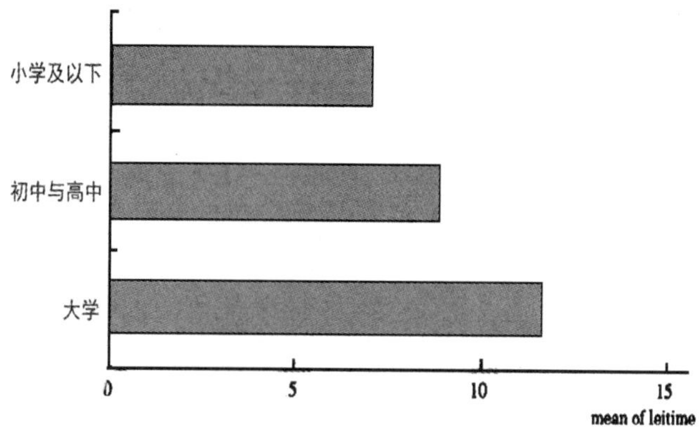

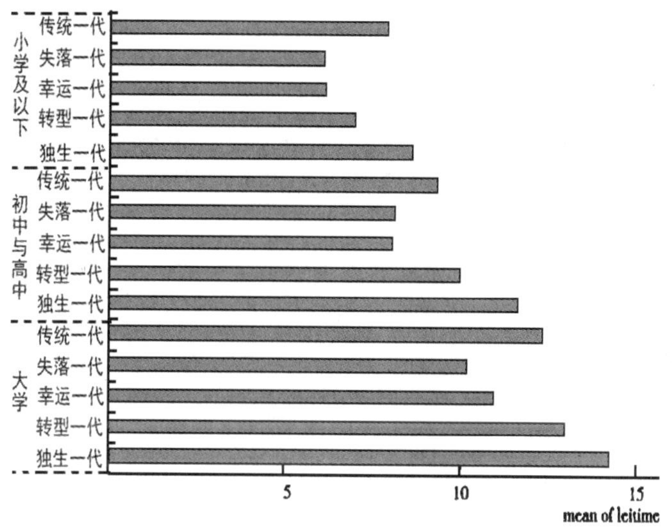

图 4-4　我国城乡居民休闲活动参与时间的学历分析

(四)我国城乡居民的婚姻与休闲活动参与时间分析

在婚姻与休闲活动参与时间长短的关系方面,已婚的城乡居民休闲活动参与时间最少,未婚与离异城乡居民的休闲活动参与时间相对多一些。这主要是因为未婚与离异居民没有家庭事务的困扰,只需考虑自身即可;而已婚的城乡居民在婚后需要承担繁重的家庭事务和责任,导致个人休闲活动时间被挤占。如图 4-5 所示。

通过对图 4-5 的对比还能发现,虽然未婚、已婚、离异三个群体的休闲活动参与时间有所差异,但增加了年龄世代这一变量的限制之后,三者中转型一代、独生一代的休闲活动参与时间看起来基本上相同。这表明,年龄世代效应有利于婚姻状态中转型一代、独生一代群体的休闲活动的积极参与。不同婚姻状况中的城乡居民的休闲活动时间呈"U"形结构,但在不同年龄世代的城乡居民中,这种"U"形结构由未婚最显著向离异最不显著的扁平型方向发展。

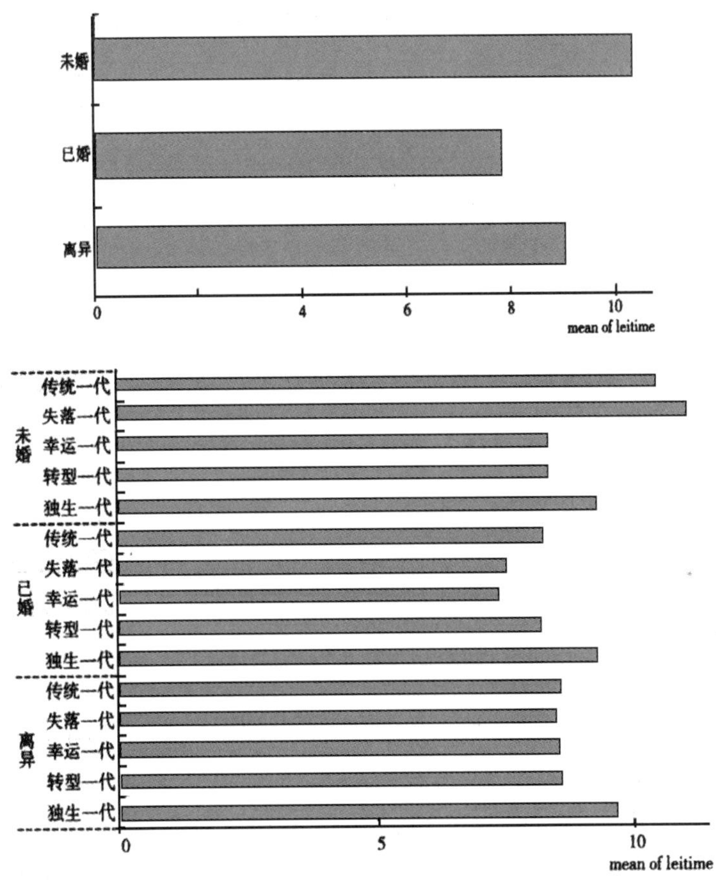

图 4-5　我国城乡居民休闲活动参与时间的婚姻分析

(五)我国城乡居民的个人年收入、周工作时间与休闲活动参与时间分析

通过图 4-6 可知,我国城乡居民的个人年收入、周工作时间与休闲活动参与时间有着紧密的关系,具体来讲,个人年收入与休闲活动时间呈现出同步增长、同步减小的态势。而周工作时间与休闲时间呈现开口相反的"U"形,两者是一种此消彼长的负相关关系。

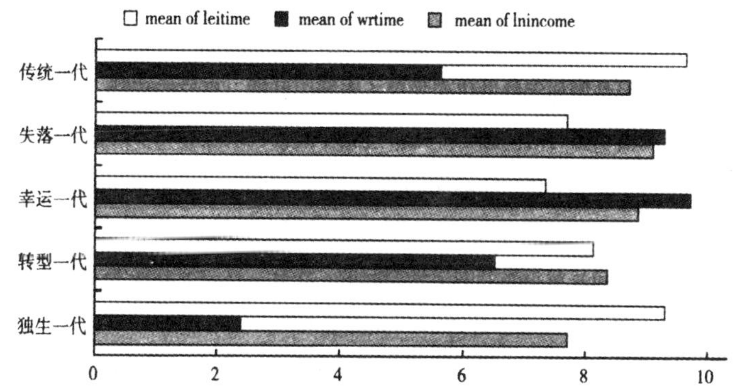

图 4-6　我国城乡居民休闲活动参与时间、周工作时间、个人年收入的分析

六、结论

通过研究可知，中国城乡居民休闲活动参与时间受到年龄世代、性别、婚姻、城乡户口、学历、个人年收入与工作时间等多种因素的影响。其中，年龄世代、性别、婚姻、学历、收入状况与工作时间等因素对居民休闲活动的时间有显著的影响。中国城乡居民休闲活动参与时间的年龄世代呈现出“U”形结构，传统一代的休闲活动时间最多，其余依次为独生一代、转型一代、失落一代、幸运一代。从学历情况看，学历越高，居民休闲活动参与的时间一般也越多。从婚姻状况看，未婚、离异的城乡居民的休闲活动时间较长，已婚居民的休闲活动参与时间因家庭事务过多而较少。另外，在城乡居民中，男性的休闲活动参与时间普遍比女性要多。还有，个人年收入与工作时间也对休闲活动的时间有影响，年收入与休闲时间成正比，工作时间与休闲时间成反比，即年收入越多，工作时间越少，休闲活动的时间越长。

第五章　我国休闲体育发展现状及趋势

休闲体育是群众体育的坚实基础和主要类型之一，是一种文明、科学、健康的现代生活方式。本章通过对我国山地户外运动、滨海休闲体育、冰雪运动、沙漠与草原休闲体育及水上休闲体育的发展状况的阐述，分析我国休闲体育的发展现状与趋势，从而为我国休闲体育的发展提出相应的对策。

第一节　我国山地休闲体育发展现状及趋势

一、山地运动的概述

所谓山地运动，就是在海拔3500米以下的山区、丘陵开展的与登山有关的户外运动，其又称山地户外运动。国家体育总局于2005年4月批准山地户外运动为正式体育运动项目，归于登山运动下属分类，属国家体育总局登山运动管理中心的管理范畴。目前，我国学者仅仅就山地运动项目自身的特点开展研究，如自然性、探险性及综合性，研究范围较狭窄，无法将安全问题、资源环境、参与者的培训与器材装备等特征展现出来，所以，其特性和户外运动基本一致。就山地运动传统观的分类原则而言，依据山地运动的空间结构，一般有陆地运动、水上运动及空中运动之分；就参与人群来说，有初级型、中级型、高级型和极限级四类之分。

伴随旅游业的飞速发展，山地运动为旅游休闲和户外度假注入了新的源泉，通过和中国传统的民族文化的交融，对山地资源充盈的地区产生了巨大的商业价值，各级政府也十分重视。强化山地运动的研究，有助于山地运动科学、规范、迅猛地发展；有助于推动区域经济的增长。

二、国内山地运动发展现状

(一)山地运动的政策法规和管理现状

我国山地运动资源较为丰富,国家向来十分注重山地运动的政策制定及管理,相继发布了《国内登山管理办法》《外国人来华登山管理办法》等具有针对性的管理办法,此外《国务院关于印发〈全民健身计划(2016—2020年)〉的通知》及国务院印发了《关于加快发展体育产业促进体育消费的若干意见》等。这些政策均把山地运动视作重要内容,在促进我国山地运动科学、合理发展中发挥着举足轻重的作用。

1.山地运动的政策法规

2010 年之前,国家制定有关山地运动的政策、法规总计 8 部,如表 5-1所示。

表 5-1　山地运动的政策法规梳理(2010 年及之前)

政策	颁布年份	颁布机构
《外国人来华登山管理办法》	1991	国务院批准,国家体育运动委员会令
《高山向导管理暂行规定》	2002	国家体育总局
《国内登山管理办法》	2003	国家体育总局
《攀岩攀冰运动管理办法》	2003	国家体育总局
《全国攀岩运动员注册与交流管理办法(试行)》	2004	国家体育总局
《国家体育总局关于下发总局行政许可项目审批条件及程序的通知》	2005	国家体育总局
《全民健身条例》	2009	国务院
《中国登山协会全国山地户外运动员注册与交流管理办法(试行)》	2010	国家体育总局

资料来源:国家体育总局网站政策法规专栏。

2011 年,《国务院关于印发〈全民健身计划(2011—2015 年)〉的通知》中强调:"遵循'因地制宜、业余自愿、小型多样、就近就便'的原则,组织开展以冰雪运动、户外运动、群众登山、江河横渡、元旦登高等具有品牌特色、形式多样、丰富多彩的全民健身活动,不断创新活动形式与内容,提高活动普遍化、经常化、科学化、社会化水平。”

2012 年，国务院就贵州省专门发布了《国务院关于进一步促进贵州经济社会又好又快发展的若干意见》，指明：“鼓励贵州省建设国家生态型多梯度高原运动训练示范基地和山地户外体育旅游休闲基地。”这是我国第一次就地方而特意颁布的有关山地运动政策。

2014 年，《国务院关于加快发展体育产业促进体育消费的若干意见》中明确表示：“鼓励中西部地区充分利用江河湖海、山地、沙漠、草原、冰雪等独特的自然资源优势。在有条件的地方制定专项规划，引导发展户外营地、徒步骑行服务站、汽车露营营地、航空飞行营地、船艇码头等设施。支持保险公司围绕健身休闲、竞赛表演、场馆服务、户外运动等需求推出多样化保险产品。”此外，各地方分别发布了与山地运动有关的配套文件，这些政策的实施有利于指导、规范我国山地运动的发展。

2016 年，国务院正式发布《全民健身计划（2016—2020）》，这是国务院发布的第二份全民健身五年计划，提出“大力发展健身跑、健步走、骑行、登山、徒步、游泳、球类、广场舞等群众喜闻乐见的运动项目”。

2.山地运动政策对管理的影响

《行政处罚法》与《行政许可法》是当前山地运动管理可参照的法规，这两个法规存有明显的局限，缺乏山地运动的行政审批、监管、执法内容的量化。此外，各部门间缺少协同执法机制，导致问责不清、管理效果不佳。

（二）山地运动项目及参与人群情况

1.山地运动项目分类

山地运动种类繁多，就山地运动传统观的分类原则而言，依据山地运动的空间结构，一般有陆地运动、水上运动及空中运动之分。陆地运动有绳索类、冰雪类、徒步类、骑术类、自行车类、机动车类、定向—探险—多项目类及狩猎—垂钓类；水上运动有活水运动类与静水运动类；空中运动有三角翼类、滑翔伞类及速降滑雪类等。就参与人群来说，按照山地运动的难易程度，有初级型、中级型、高级型和极限级四类之分。

2.参与人群

一是参与者的装备。初级型项目是纯休闲类项目，参与者可根据自身需要准备装备；中级型项目具有休闲性和竞技性特点，参与者需要准备食物与水、适合徒步或攀登的鞋子以及简易的露营设备；高级型项目大多属于专业级项目,要求参与者准备专业的背包、登山鞋、冲锋衣裤、地图、药品等;极限级项目要求较高,参与者须准备专业的帐篷、睡袋、防潮垫、露营用具等。

二是参与者的基本情况。参加山地户外运动需要具备一定的身体素质。初级型项目,对参与者身体素质无甚要求,保证无疾病即可;中级型项目,因强度略大,所以参与者应具备良好的身体素质与心理素质,且对入门级的山地运动知识有所了解;高级项目,因难度人,参与者既要具备良好的体能,又要拥有过硬的心理素质,并熟练运用与项目有关知识;极限级项目:因难度极大,参与者应拥有超强的身心素质、具备丰富的专业知识和实际经验,其是冒险精神的充分彰显。

三、影响山地运动发展的因素

(一)山地运动资源的开发与利用

山地资源是自然资源。西部地区以四川、云南及新疆为代表,具备极其丰富的山地运动资源,为登山、徒步、攀岩、野营、探险等提供了优越的山地运动条件。中部地区以山西、湖北及江西为代表,太行山、武当山、黄山等拥有十分充盈的山地运动资源,其大部分海拔在 3200 米以下,适合人们开展山地户外运动,太行山现已被列为国家攀岩训练基地。东部地区以长三角地区的浙江省为代表,山地运动资源相对来说比较匮乏。

我国山地资源分布不均,导致各地区山地资源开发的状况不同。当前,我国推进山地资源的开发方式主要为政策导向型、赛事推动型及结合旅游开发型。

(二)高校山地运动的人才培养

伴随我国山地运动的蓬勃发展,山地运动人才的匮乏已成限制山地运动发展的短板。专业人员的严重匮乏,导致大量充盈的山地资源无法得到有效开发,山地运动活动的开展受到限制;由于缺少专业人员的技术指导,意外事故频发,参与者的安全失去保障。

高校既是体育文化传播的重要渠道,又是培养体育人才的主要机构,其为我国山地运动培育和输送了大量理念先进、技术水平高、专业知识系统的专业人才,较大程度填充了我国的山地运动人才,提高了山地运动从业者的专业素质,有助于我国山地运动朝着科学化、规范化、现代化的方向发展。

（三）山地运动培训体系

国家人力资源和社会保障部已把山地运动社会体育指导员归于《国家职业大典》，有利于强化山地运动的组织管制。要想成为专业的山地运动从业者，必须得到相关国家职业资格的培训与认证，其他行业或机构开展的各种培训与认可皆无法律效用。当前，除了山地运动社会体育指导员培训体系外，还有国家层面培训体系（如国家社体中心、中国登山协会、中国就业培训技术指导中心等）、行业层面培训体系（其主要由地方协会担任，如北京登山运动协会）等多种培训形式。尽管这些培训体系的水平参差错落，培训体系的监督和管理欠缺，然而一定程度上还是提高了山地运动参与者的本领技巧，为山地运动的发展做出了一定贡献。

（四）山地运动赛事

现如今，以我国登山协会官网宣布的山地运动竞赛组织方法为依据，全国及国际山地运动竞赛可分为 A、B、C 三个等级，且实施规范经管，分级如表 5-2、表 5-3 所示。

表 5-2　赛事级别

A 级	国家体育总局登山运动管理中心或中国登山协会承办或主办的国际性或全国性的规范性竞技比赛，有规定的比赛项目，参赛人员为符合专项要求的国外运动员和国内注册运动员，副总裁判长以上的裁判员、定线员均要求国家级，严格按照中国登山协会《山地户外运动竞赛规则》执行
B 级	国家体育总局登山运动管理中心或中国登山协会主办，可由其他具有资质的办赛机构承办，有规定的比赛项目，参赛人员为专业的运动员和非专业运动员，总裁判长、定线员要求为一级以上技术职称，参照中国登山协会《山地户外运动竞赛规则》执行
C 级	国家体育总局登山运动管理中心或中国登山协会主办，由其他具有资质的办赛机构承办，具有比赛性质的活动及活动性质的比赛，参赛人员以非专业运动员为主，总裁判长、定线员要求具备二级以上技术职称。参照中国登山协会《山地户外运动竞赛规则》执行

资料来源：中国登山协会官方网站，2010。

表 5-3　赛事名称级别划分

国际赛(均为A级)	国际锦标赛	A级	国内赛(专业赛事为A级,其他为B级或C级)	全国锦标赛	A级
	国际公开赛	A级		山地运动会—山地多项	A级
	世界杯	A级		全国冠军杯赛	A级
	国际邀请赛	A级		全国俱乐部联赛	A级
	国际越野挑战赛	A级		全国精英赛	B级
	洲际锦标赛	A级		全国邀请赛	B级
	洲际杯赛	A级		全国挑战赛	B级
	洲际邀请赛	A级		全国性的大奖赛	C级

资料来源:中国登山协会官方网站,2010。

在体育赛事改革及山地运动普及的助推下,我国开展山地运动赛事的频率增高,规模得到扩大。山地运动赛事地举办热火朝天,不仅推动了我国山地运动的发展,还辐射了举办地的经济和文化。

其一,促进山地运动的发展。各种山地运动赛事的积极承办,使山地运动得到了普及,尤其是水平高的国际性赛事,影响力大、波及面广。"自身独有体育文化是吸引力,将受众群体由居住地带到赛事举办地的赛事,属于典型的'观众驱动型'体育赛事",在山地运动普及的过程中意义重大。不论是山地运动资源的开发,还是赛事品牌营销,均体现了超凡的效力。

其二,对举办地及周围的影响。山地户外运动赛事的开办,一方面促进了运动自身的推广,另一方面为赛事举办地的经济与文化注入了活力。"以旅游景点为核心,选择性向周边区域扩散"是大部分赛事场地选择的原则。山地户外运动赛事的成功举办,有助于提高承办地的知名度与美誉度;带动承办地的经济消费、旅游资源开发及相关公共设施的改造;为本地的发展创造了更多机遇。同时,经济的进一步发展为赛事的举办提供了根本保障和便利,也深化了山地运动的普及。

(五)山地运动的救援与保险体系

确保参与者安全、成功参加山地运动的一个重要因素就是"健全的山地救援体系与反应机制"。我国山地运动的参与者逐年攀升,对其救援工作的开展提出了更高的要求。我国救援队伍的自发性特征决定了其救援技术的单调,加之消防武警与医疗急救之间缺少常设性联动以及救援环境的制约,造成整个救援比较迟缓,救援成功率比较低。

由于山地运动特殊的环境，要求建立“以政府为主导，整合公益救援力量，同时联合武警消防及医疗的快速联动”救援体系，其是提高救援效率的枢纽。建立系统的活动信息备案是救援体系中的重要步骤。因为我国多数山地运动活动的组织有较大的自发性和随意性，其在造成相关事故发生后，参加者若无法立即发出求救信号，那么救援组织较难实施救援工作。保险体系为山地运动的参加者提供了保障，把保险和救援体系有机地整合，既能降低山地运动组织者与参加者的经济损失，又能提升自身品牌。

四、我国山地运动发展趋势及前景展望

现阶段，我国山地运动的发展速度较快，山地运动项目实施的全球化是未来发展的必然趋势，必然引发山地运动文化的多元化，山地运动项目的多样化与人性化。伴随山地运动参与者的逐年攀升，高校教育已不能满足山地运动的发展，以扩充、完善高校教育体系为前提，大举进行推广与普及。此外，就山地运动的发展而言，应不断健全政策法规、规范山地运动行业培训体系及开展山地运动过程中的救援与构建保险体系，推动山地运动走上健康有序的发展道路。

总而言之，我国山地运动的发展，一方面是丰富国民休闲运动的方式，一方面是我国休闲体育经济毋庸置疑的增长点，其在我国休闲体育产业的发展过程中不容小觑。

第二节　我国滨海休闲体育发展现状及趋势

一、滨海休闲体育与滨海旅游

随着我国体育事业的不断发展，体育活动的组织形式和内容得到了进一步的丰富与创新。滨海休闲体育作为一种新兴的体育活动形式，受到了广大群众的青睐。体育运动与休闲、旅游的整合已成为其发展的必然趋势，滨海休闲体育和滨海休闲、旅游互为依托、协同发展，彰显了体育和休闲进一步融合的发展情势，而丰富多彩的滨海休闲体育项目是滨海旅游中最具朝气的活动。

“滨海旅游”是我国海洋产业的专用名词，是重要的海洋产业之一。据相关经济统计：“近些年‘滨海旅游’产业产值已占我国整个海洋产业产值

的30%以上，位列海洋产业之首。”国家旅游局于2009年为青岛奥林匹克帆船中心挂牌，其是“国家滨海旅游休闲示范区”，也是滨海体育和休闲、滨海旅游结合的必然要求。

二、我国滨海休闲体育的发展现状

近年来，我国滨海旅游发展快速，地处海岸线的各省市积极举办滨海休闲体育活动及滨海体育赛事与节庆活动联动的社会体育文化活动。以下是滨海休闲体育活动发展的具体论述。

（一）河北省开展滨海休闲体育的情况

河北省东临渤海，具有秦皇岛及昌黎黄金海岸等滨海资源，发展滨海旅游及举办滨海休闲体育活动根底深厚。2015年7月31日，北京市与河北省张家口市获得2022年冬奥会举办权。

20世纪90年代，秦皇岛市开展了沙滩排球、沙滩足球、沙滩风筝、万人下海等比赛活动。近年来依靠京津的区位优势、环境胜势及该地发展潜力，“休闲之都、训练之城、体育强市”是其发展目标。秦皇岛市在长达162.7千米的海岸线上，举行了游艇、帆船、垂钓、沙滩排球、沙滩足球等项目，强化赛艇、皮划艇等优势项目；鼎力开展集阳光、沙滩、海水于一体的海滩休闲健身运动；打造品牌赛事，开办具有秦皇岛市风味的沙滩休闲运动会，并举行一年一届的秦皇岛市体育旅游文化节。政府设立专门的组织机构，市财政为活动经费提供了保障，形成了“以体育健身娱乐、体育竞赛表演、体育休闲旅游、体育用品开发制造和经营销售为重点的体育市场”，促使体育产业成为秦皇岛市一个新的经济增长点。

昌黎黄金海岸是国家级自然保护区，可与澳大利亚著名的昆士兰海岸相提并论，其有水上自行车、海上交通艇、沙滩越野车、深海垂钓等项目。翡翠岛东、北、西三面由渤海和七里海环绕，是一座由黄色西沙和绿色植被相间构成的半岛，岛上沙山连绵起伏，造型柔美，有“京东大沙漠”之美誉。翡翠岛天然有利的地形地貌，为举办滑沙、卡丁车、快艇、动力三角翼、滑翔伞、水上风筝等活动提供了便利，其也是沙雕活动、拓展训练基地及房车露营地。

（二）海南省开展滨海休闲体育的情况

2010年1月4日，国务院出台了《国务院关于推进海南国际旅游岛建设发展的若干意见》，意味着开始正式建设海南国际旅游岛。“作为国家的重大战略部署,海南岛将在2020年初步建成世界一流的海岛休闲度假旅游胜地,使之成为文明之岛、和谐之岛、开放之岛、绿色之岛。"

海棠湾国际休闲度假区、亚龙湾国家旅游度假区、西岛海上游乐世界及大东海等著名景区都属于三亚市范畴。2007年5月26日,海南省政府同意把海棠湾总体定位为"国家海岸"国际休闲度假区,"给予其世界旅游度假天堂、国际休闲度假、多元化热带滨海旅游休闲度假功能,同时给予其国家海洋教育、科研、博览等综合功能",海棠湾在我国的战略地位取决于国家赋予其的功能。1992年国务院批准建立亚龙湾国家旅游度假区,其有潜水、摩托艇、滑板、香蕉船、垂钓、海底观光等项目。

西岛旅游度假区依托西岛旖旎的自然风光、独特的生态资源和浓郁的岛屿风情,开发建设成大型海岛休闲度假胜地和观光景区。西岛海上游乐世界集各种海上休闲娱乐运动于一体,有钓鱼、潜水、摩托艇、滑水、空中拖伞、帆船、香蕉船、海底漫步、玻璃船海底观光等项目。大东海是三亚的标志之一,是我国"四十佳景之一"。大东海沙滩平坦细软,缓缓延伸,长达千米,"水暖沙白滩平"驰名中外,其中滨海度假旅游设施配套齐全,大型滨海广场是潜艇、潜水及跳水的胜地,常年进行多种水上活动和沙滩运动。

三、滨海休闲体育的社会效益和经济效益

滨海休闲体育为社会、经济和文化的发展带来了正面影响。发展滨海休闲体育有助于促进城市建设、提升城市知名度与美誉度、加强沿海群众的健身意识、丰富体育生活方式,其带动的社会效益和经济效益意义非凡。

(一)推动沿海城市建设

滨海城市通过运用当地的文化与自然资源,在科学组织与经营管理下,有利于改善沿海城市风貌,有助于完善滨海休闲体育基础设施建设,带动相关经济与消费的增长,对城市空间和景观环境发挥了积极作用。

(二)提升沿海城市品位,提高城市知名度

滨海休闲体育项目丰富多彩,展示出极强的"眼球效应",较大程度地吸引了媒体眼光。发展滨海休闲体育可以有效宣传、展示及推广城市形象,提升城市知名度与美誉度。建设滨海别具一格的体育建筑、体育公园及个性化的沿海空间环境,可以赋予人们视觉之美和心灵震撼,营造城市的识别元素。譬如青岛的"帆船之都"、日照的"水上运动之都",在人们的脑海中

形成一道亮丽的风景线。

（三）强化滨海居民的休闲健身意识，培育休闲体育生活方式

伴随经济水平及生活水平的显著提高，沿海居民早已有了追求健康生活方式的意识。改革春风吹遍神州大地，在此影响下沿海地区的经济得到了迅猛发展，滨海休闲体育活动为人们的生活方式及健身运动指明了方向。据相关统计资料显示："常年参加体育活动的人口数量逐年攀升，经常参加体育活动的老人占老龄人口的比例已达到60%以上，人均期望寿命的信心大幅提高。"这意味着人们通过开展体育、健身及娱乐活动，显著增强了其身体健康的信心。滨海休闲体育活动的举办与大众"求新、求变、求乐、求效"的精神需求相契合。参与滨海休闲体育活动，可以释放精神压力，发泄苦恼与郁闷，实现人性回归。

（四）带动其他相关产业的发展

滨海休闲体育和滨海旅游、娱乐及节庆等活动的成功开办，可以直接吸引不同人群，增加旅游客源地人流。滨海休闲体育活动消费产生的乘数效应，可以推动城市经济及相关产业的发展，可以优化沿海城市经济结构，使沿海城市产生经济效益和社会效益。

滨海休闲体育的开展促使举办地的经济、文化及社会皆实现可持续发展，对周边地区有"辐射扩散效应"，促使其成为一个地区的贸易、生产、交通运输及金融服务与信息核心，成为本地较快发展的一个全新增长点。例如，以东海、渤海海域为基点的大连、青岛、日照、烟台等滨海城市就是将滨海休闲体育活动视作纽带，体现了积极的"辐射扩散效应"。

总而言之，滨海休闲体育项目丰富多彩，是人类旅游、娱乐、健身不可缺少的一部分，是人类回归自然、保持身心健康的一种生活方式。滨海休闲体育的开展，是人类海洋体育文化的凸显，是社会进步、人与自然和谐发展的充分展现。

第三节　我国冰雪休闲体育发展现状及趋势

我国冰雪运动近年来得到快速发展，表现在冰雪活动类型不断丰富，运动水平稳步提高，运动产业方兴未艾。北京冬奥会的成功申办，为冰雪运动

的繁荣发展提供了重要机遇。

一、冰雪运动的主要项目

冰雪运动是指借助各种装备在天然或人工雪场、冰场进行的体育运动，一般分为两大类，即冰上运动与雪上运动。

(一)冰上运动

冰上运动主要有速度滑冰、短道速度滑冰、花样滑冰、冰球、冰壶等。

1.速度滑冰

速度滑冰在各种冰上体育运动中历史最为悠久、开展最为广泛。选手在周长为400米的跑道上滑行，方向为逆时针方向，比赛名次由滑行的速度决定。

2.短道速度滑冰

短道速度滑冰又简称为短道速滑，是从速度滑冰中发展形成的，但和速度滑冰有着明显的区别。比赛场地面积有统一规定，为30米×60米，跑道每圈周长是111.12米，比赛的道次通过抽签决定。多名运动员同时在一条起跑线上起跑，比赛名次根据用时多少决定。

3.花样滑冰

花样滑冰是在规定的场地内，在选定的音乐背景下，表演各种冰上技巧、滑出各种动作图案的冰上运动项目。花样滑冰分为三个大类，分别是单人滑、双人滑和冰上舞蹈。

4.冰球

冰球也叫作冰上曲棍球，是借助球刀、冰球、冰球杆进行的一种多人冰上运动项目，有着较强的对抗性。比赛时每队上场人数为六人，其中守门员一人，前锋三人，另外两人是后卫。运动员需要使用冰球杆击球进入对方球门，依据进球多少判定胜负。

5.冰壶

冰壶也叫作掷冰壶，是一种在冰上进行投掷的运动项目。每队由4人组成，双方队员按一定顺序交替投掷，每名队员有两次掷球机会，最后根据得分多少决定胜负。

(二)雪上运动

雪上运动主要有自由式滑雪、高山滑雪、越野滑雪、跳台滑雪、冬季两项、北欧两项、无舵雪橇、雪车等运动。

1.自由式滑雪

自由式滑雪在高山滑雪的基础上演变而来，主要由三个项目构成：空中技巧、雪上技巧和雪上芭蕾。空中技巧是运动员滑下助滑坡后经过跳台起跳，在空中完成空翻转体等动作，下落在着落坡，一跳决定成绩。雪上技巧是在设置一系列雪包的一定坡度的线路上滑行，并在空中做出跳跃、转体、空翻等动作，快速滑到终点。雪上芭蕾是在规定坡度、长度、宽度的场地上进行，滑雪板不能短于运动员身高的81%。

2.高山滑雪

高山滑雪也叫作阿尔卑斯滑雪，有资料显示其是在越野滑雪的基础上发展形成的。比赛项目分为技术系列与速度系列，技术系列又分为回转和大回转，速度系列分为超级大回转和滑降，还有回转和滑降合在一起的高山滑雪全能及团队项目。S形转弯、过旗门等是主要的高山滑雪技术。

3.越野滑雪

越野滑雪起源于北欧，因此也称作北欧滑雪，是世界运动史上一项古老的运动项目。越野滑雪的雪板略窄于高山滑雪，固定器后跟可脱离，雪杖较长。

随着我国经济的快速发展，人民的生活内容丰富多彩，对生活方式和质量有了更高层次的追求，休闲体育运动受到越来越多人的青睐，冰雪运动的参与者不断增加，高山滑雪、花样滑冰、速度滑冰、冰球等项目在很多城市发展迅速。

二、我国冰雪运动休闲产业的发展状况

我国冰雪运动产业的发展，离不开人们物质生活与精神生活的改善。1993年，国家体委发布《关于培育体育市场加快体育产业化进程的意见》，为我国冰雪运动提供了产业化发展的基础。二龙山滑雪场、亚布力滑雪场、长白山滑雪场与北京南山滑雪场等大型滑雪场的诞生，标着我国冰雪产业已经初具规模。“百万市民上冰雪”“百万青少年上冰雪”各种群众性冰雪

运动蓬勃开展，哈尔滨冰雪节、长春瓦萨滑雪节、吉林国际雾凇冰雪节、深圳世界之窗冰雪节、北京鸟巢欢乐冰雪季等冰雪文化品牌有着越来越大的影响。从北方到南方，从中央到地方，从团体到个人，冰雪运动休闲产业在全国迅速发展。据统计，我国2016年有646家滑雪场，参与滑雪人数达到133万人次。

我国冰雪运动产业有两方面显著特征：第一，冰雪运动产业的地域特征。由于受气候、温度与地理环境等因素的影响，我国北方城市成为开展冰雪运动的主要地区。这些地区每年有三四个月的结冰期、雪期，室外冰场和滑雪场为人们滑冰、滑雪提供了机会，并带动相关冰雪产业迅速发展。南方受环境因素限制，开展冰雪运动需要投入的人力、物力明显要高于北方。地域特征对冰雪运动产业的发展是深刻的，而且是不可逆的，需要长远布局以实现持续发展。因此，在冰雪产业发展中要充分考虑地域差异，合理定位，打造适合本地域的产品。第二，冰雪运动产业的人口特征。根据有关资料，我国冰雪运动参与人群具有以下特征：年龄集中在10~50岁，文化水平多为高中以上；多是工薪阶层收入人群和学生，多集中在大中型城市。从中可以看出，对冰雪运动的认识与理念以及冰雪运动产业的消费观念，不同层次的参与人群可能略有不同。在产业发展中，必须考虑这方面的因素，采取有效措施吸引人们参与到冰雪运动中。

三、我国冰雪运动休闲产业的发展趋势

我国成功申办2022年冬奥会，为冰雪运动休闲产业的发展带来了重大机遇。2015年1月，习近平总书记富有前瞻性地指出，北京举办冬奥会可以带动3亿多中国人参与冰雪运动。2016年，国家体育总局发布《冰雪运动发展规划（2016—2025年）》，提出冰雪运动要全面推进“南展西扩”战略，以黑龙江、吉林、辽宁三省巩固发展为基础，以北京、天津、河北为引领，发挥华北、西北地区的后发优势，带动南方各地协同发展。同年，国家体育总局、国家发改委等七部门联合发布《全国冰雪场地设施建设规划（2016—2022年）》，提出到2022年全国建设不少于650座滑冰馆，不少于800座滑雪场，类型多样、布局合理、基本满足人们冰雪运动需求的冰雪场地设施网络初步形成。

由于我国冰雪运动起步较晚，尽管发展速度很快，但和世界上冰雪运动开展较好的国家相比仍存在一定的差距，相关产品与服务都比较单一。发展冰雪运动，就要积极借鉴这些国家的先进经验，走出一条高质量发展道路。要认识到冰雪产业的重要作用，推动冰雪产业科学化、合理化发展。新

时代冰雪运动产业的发展应聚焦以下几个方面：一是推广与普及冰雪健身项目，如人们喜闻乐见的花样滑冰、冰壶等。此外，我国各种传统冰雪民俗项目也适合推广，主要有：抽冰噶、冰蹴球、轱辘冰、冰爬犁、雪地走等人们冬季自发参与的休闲活动，雪地摩托车、雪地自行车、雪地卡丁车、滑雪圈等经过商家改良后的游客体验项目；雪地摔跤、雪地马群表演、马背叼羊、雪地驯马、冰上射箭等专业人士表演的竞技项目。二是开展各种冰雪竞赛表演活动，如专业冰雪赛事、群众冰雪赛事、商业冰雪项目表演等。三是加强场地设施建设。场地设施建设要以市场为主，以满足人们需求为出发点，科学规划建设，在建设中吸引社会力量共同参与。四是发展冰雪装备制造业。结合国家发展战略合理布局，提高产品核心竞争力，开发具有自主品牌的各种冰雪设备。

第四节　我国沙漠、草原休闲体育发展现状及趋势

我国沙漠与草原资源非常丰富，近年来，各省区凭借自身独特的自然资源与人文景观，将休闲旅游和体育结合起来，开发出了多种形式的富有特色的沙漠、草原休闲体育项目，吸引了大量爱好者参与。当然，在沙漠、草原休闲体育运动开展过程中也存在着一些问题。下面介绍沙漠、草原休闲体育活动情况，分析存在的问题，并提出发展对策。

一、沙漠休闲体育

（一）我国沙漠分布

中国沙漠面积约是国土总面积的 13.6%，是世界上沙漠面积最多的国家之一。表 5-4 为我国一些省区沙漠面积。

表 5-4　我国一些省区沙漠（沙地）分布面积

省（区）	沙漠面积（平方千米）	占全国沙漠面积比例（%）
新疆维吾尔自治区	438100	54
内蒙古自治区	227900	28
甘肃省	30530	3.8

续表

省(区)	沙漠面积(平方千米)	占全国沙漠面积比例(%)
青海省	19390	2.4
陕西省	12110	1.5
吉林省	11340	1.4
宁夏回族自治区	8030	1.0
黑龙江省	5510	0.7
辽宁省	620	0.1

资料来源:吴正.中国沙漠及其治理[M].北京:科学出版社,2009.

(二)我国沙漠休闲体育运动开展情况

1.沙漠休闲体育运动主要开展省区沙漠资源情况

(1)新疆维吾尔自治区。新疆沙漠面积约438100平方千米,占到全区总面积的27%左右。我国最大的沙漠塔克拉玛干沙漠位于南疆塔里木盆地,面积36.5万平方千米。我国第二大沙漠古尔班通古特沙漠位于北疆准噶尔盆地,面积5.1113万平方千米。我国第六大沙漠库姆塔格沙漠跨越新疆和甘肃(大部在新疆),面积2.197万平方千米。此外还有阿克别勒沙漠、乌苏沙漠、库木库里沙漠等。

(2)内蒙古自治区。内蒙古沙漠面积约227900平方千米,占到全区总面积的19.3%左右。我国第三大沙漠巴丹吉林沙漠位于内蒙古西部,面积约4.7万平方千米,沙山高而密集。我国第四大沙漠腾格里沙漠,面积约4.3万平方千米,越过了长城。乌兰布和沙漠面积约1万平方千米,此外还有库布齐沙漠、科尔沁沙地、浑善达克沙地等。总的来看,内蒙古沙漠景观丰富而独特,沙山、湖泊与生态景观相得益彰。

(3)甘肃省。甘肃沙漠面积约30530平方千米,主要分布于河西地区,如石羊河流域下游的腾格里沙漠、黑河流域下游的巴丹吉林沙漠、疏勒河流域下游的库姆塔格沙漠等。

(4)宁夏回族自治区。宁夏沙漠面积约8030平方千米,东边有毛乌素沙漠,西边有腾格里沙漠。

2.主要省份开展沙漠休闲体育运动情况

20世纪80年代末,沙漠休闲运动作为一种新兴户外运动形式在我国兴起，主要在沙漠资源相对丰富的地区开展，运动的形式也越来越多样化。下面主要介绍新疆和内蒙古的沙漠休闲运动状况。

(1)新疆维吾尔自治区。新疆的沙漠休闲体育在我国影响最大，早期主要是沙漠徒步，随后与沙漠有关的其他休闲体育也逐渐发展起来。

1)沙漠徒步探险。沙漠徒步探险一般在沙漠边缘开展，穿越沙漠腹地的相对较少。在沙漠边缘大都分布有绿洲，生活着具有独特民族风情与浓郁人文特色的少数民族，还有一些文化古迹分布在沙漠中，如楼兰古城、尼雅古城、且末古城、米兰古城、安迪尔遗址等，使沙漠徒步探险除了具有健身功能外，兼具民俗旅游和探险价值。

2)沙漠娱乐项目。在沙漠地区举办各种以趣味性、娱乐性为主的项目，如滑沙、滑翔、射击、射箭、赛马、赛驼、斗羊、沙疗等。

3)沙漠考察项目。沙漠有着独特的地貌特征，组织沙漠考察探险活动，能够满足游客猎奇探险、科学研究、增长知识的需求，如丝绸之路考古越野探险、丝绸之路大海道—罗布泊科考等。

(2)内蒙古自治区。随着沙漠旅游产业的不断发展，内蒙古的沙漠休闲体育运动内容和形式越来越丰富。从地理上来说，沙漠休闲体育活动主要在以下区域开展。

1)阿拉善沙漠区。在内蒙古西部的阿拉善盟内分布着腾格里沙漠、巴丹吉林沙漠、乌兰布和沙漠，全盟有将近1/3的地区都是沙漠。阿拉善近年来先后承办了越野e族阿拉善英雄会、中国越野汽车精英挑战赛、“中国穿罗”汽车越野赛、汽车摩托车沙漠越野挑战赛等重大赛事，在探险旅游、户外活动、汽车运动等专业领域有着较高知名度。2012年，国家体育总局将阿拉善右旗定为“中国汽车沙漠训练基地”。

2)鄂尔多斯沙漠区。在鄂尔多斯市分布有毛乌素沙漠、库布齐沙漠。鄂尔多斯依托沙漠举办了一系列国内乃至国际重大赛事，如全国汽车场地越野锦标赛、摩托车沙漠越野拉力赛、国际户外越野挑战赛等。此外，还有各种沙漠休闲活动，如沙漠露天游泳比赛，集趣味性和观赏性于一体；库布齐沙漠露营摇滚音乐节，集户外露营、户外民族表演、徒步穿越、户外挑战赛于一体。

3)赤峰玉龙沙湖。赤峰玉龙沙湖在科尔沁沙地西缘，是理想的户外休闲运动之地。2013年12月，首届玉龙沙湖沙漠越野挑战赛举行。2014年6月，首届玉龙沙湖山地自行车越野赛举行。2014年9月，中国玉龙沙湖越野挑战赛开赛。这次越野挑战赛的线路复杂、赛道复杂、地形复杂、沙质复杂，极大地激发了人们的参与热情。

4)通辽库伦银沙湾。2015年，一场名为“穿越科尔沁”的库伦沙漠越野英雄会在塔敏查干沙漠银沙湾景区举行，相比普通的车赛，这次活动打破常规，将多种户外休闲方式，如重型机车骑行、驴友露营、滑翔伞表演等整合在了一起。

(三)我国沙漠休闲体育运动发展中存在的问题与对策

沙漠休闲体育运动发展中出现的问题不容忽视，需要认真对待、积极解决，不断提高运动的质量。具体如表5-5所示。

表5-5 我国沙漠休闲体育运动发展中存在的问题与对策

问题	表现	对策
活动分散，没有形成体系	沙漠旅游项目规划开发分散，各自为政，整体规模较小，没有形成体系	整合沙漠及周边地区资源，加强区域合作，创新旅游项目，形成区域特色，提高区域辐射能力，构建沙漠旅游系统化模式
沙漠赛事、活动缺乏深度与稳定性	沙漠休闲产品单纯依赖自然环境，缺乏长远规划，多是一次性项目，未能形成固定赛期	创新项目形式，树立特色品牌，丰富项目内容，重点打造体育旅游、沙漠越野等一些高品牌赛事
活动组织者与参与者的环保意识薄弱	沙漠休闲体育运动多数在沙漠边缘开展，而这些地方生态脆弱，开发者主要追求经济利益，环保教育项目缺乏，大量废弃物得不到及时回收与处理，破坏生态环境	在开发中树立环境保护观念，科学评价沙漠环境承载力，有机结合沙漠资源保护与沙漠资源开发，利用开发获得的收益来科学保护景区资源，同时加强环保教育，提高参与者的环保意识
救援体系不健全，缺乏安全保障	沙漠休闲体育运动多有着极高的危险系数，而目前我国沙漠休闲体育运动的组织者多是协会、俱乐部、旅行社等，缺乏专业的救援队伍，救援装备不足、技术落后	加强沙漠旅游从业者与参与者的安全教育，强化沙漠旅游经营单位资质审批和管理，积极探索沙漠旅游风险等级评价方法与手段，建立突发事件救援体系，丰富旅游保险险种，逐步完善沙漠旅游安全保障体系
活动开展受季节性限制	适合开展沙漠休闲体育运动的时间非常短暂，多集中在夏季，冬春季相对较少，造成设施利用率低	加强沙漠旅游与沙漠产业的生态建设结合，相互促进，实现沙漠旅游与生态建设共赢

二、草原休闲体育

(一)我国草原分布

我国草原资源丰富,总面积约 35.7 亿亩,其中可利用面积约 30 亿亩,主要分布在青藏高原、西北荒漠、内蒙古、东北地区西部一带。草原休闲体育运动的开展有赖于草原旅游区的开发。当前,开发较为成熟的有内蒙古呼伦贝尔草原、锡林郭勒草原、鄂尔多斯草原、科尔沁草原、乌兰察布草原,河北坝上草原,新疆巴音布鲁克草原、那提拉草原,西藏那曲高寒草原等。下面以内蒙古为例,介绍草原休闲运动的开展情况、存在的问题以及发展对策。

(二)内蒙古草原休闲运动开展情况

1.内蒙古草原资源情况

内蒙古草原面积占全国草场总面积的 35%以上。呼伦贝尔草原是世界三大草原之一,面积为 10 万平方千米左右,这里河流交错,湖泊棋布,风景迷人。锡林郭勒草原以草原类型完整著称,在这里可见典型草原、草甸草原、沙地草原、半荒漠草原等。凭借得天独厚的地理条件,内蒙古草原休闲体育运动具有其他地区不可比拟的优势。

2.内蒙古开展草原休闲体育运动情况

内蒙古依托草原旅游区开发的草原休闲体育运动主要有以下几种。

(1)草原观光休闲度假。这是借助草原资源与民族文化资源而开发的初级草原活动项目。每年的 6~9 月,草原上气候适宜,空气清新,十分适合进行草原观光休闲度假活动。

(2)体验民俗风情与节庆文化。将内蒙古草原特色和以蒙古族为主的少数民族饮食文化、服饰文化、宗教文化、节庆文化、生产生活方式结合起来,开发别具特色的草原休闲旅游项目,如定期举办草原旅游节、旅游那达慕等活动,向游客展示草原传统文化的魅力。

(3)草原体育旅游。内蒙古少数民族有着丰富多彩的传统体育活动,群众基础广泛,参与性强,如摔跤、赛马、射箭等。此外,内蒙古草原广阔,在注重保护草原生态、合理科学规划的前提下,可适量组织草原旅游越野项目。

(4)探险旅游。草原探险是有着很强参与性的项目,参与者可以充分亲近大自然,感受蒙古族的风土人情,体验蒙古族的游牧生活,学习草原生存经验。游客穿越草原可以选择开车、骑自行车或骑马,根据需要在途中野营,领略草原夜色。

(三)内蒙古草原休闲运动发展过程中存在的问题与对策

在草原休闲运动发展过程中,出现了一些问题,需要有针对性地解决,如表 5-6 所示。

表 5-6 内蒙古草原休闲运动发展过程中存在的问题与对策

问题	表现	对策
产品结构单一,品牌建设欠缺,开发层次偏低	草原旅游资源粗放型开发,产品差异性不大,存在严重的恶性竞争;多为低层次开发,产品结构单一,布局分散,缺乏层次性,未形成规模	根据草原资源特色、地理区位情况和不同游客群体的需求,对旅游要素进行科学合理配置,开发多元化、高层次、特色化的休闲旅游产品
旅游配套程度较低,旅游设施落后	尚未形成系统化、规模化的草原旅游开发,综合配套程度低,服务设施不完善,旅游区管理与服务不规范	加强景区间公路建设,为游客创造便捷的交通条件;努力完善景区住宿、餐饮、娱乐等配套设施建设,提高接待服务能力;提升景区工作人员专业水平与综合素质,向游客提供高质量服务
未能恰当处理草原资源保护与开发的关系	草原旅游资源开发过度、保护不力,加上旅游规划不够合理、游客缺乏环保意识,导致本来就脆弱的草原生态系统不堪重负,出现地表水污染、土壤板结、草原退化等一系列问题	对草原资源进行合理规划,根据承载能力的不同划分不同的功能区域,加大生态监管与环境监测,通过教育、引导、宣传等手段提高游客的环保意识
草原旅游季节性差异明显	受地理位置气候的影响,大部分草原只有 100 多天适合旅游的时间,使草原旅游淡旺季明显,资源和接待设施旺季面临不足,淡季限制浪费	深层次开发草原旅游资源,充分挖掘其潜在价值,满足不同消费者的需求

第五节　我国水上休闲体育发展现状与趋势

本节针对一些主要的水上休闲体育项目做简单的介绍，具体来说就是对漂流运动、温泉运动、龙舟运动的基本概念、发展现状和发展趋势进行讲述，并提出了合理开发水上旅游资源的建议等。

一、漂流运动的发展现状与趋势

（一）漂流运动概述

漂流运动的载体一般是无动力的橡皮筏、竹筏，主要依赖船桨控制航向，所在的水流流动速度不定，运动具有惊险、刺激的性质。根据水环境的不同，可将漂流运动分为激流漂流、平水漂流两种类型。

漂流是一种趣味性很强的休闲体育，有着参与性、体验性的特点，当前人们将追求目标逐渐转向了精神生活，一些崇尚自然，能够超越自我的体育运动也是对这种心理的迎合。

我国有着丰富的水资源和地理优势，使漂流能够成为一种潮流时尚的休闲运动。

（二）漂流运动的发展现状

在此，我们主要介绍湖北省、广西壮族自治区的漂流运动现状，如表5-7所示。

表5-7　湖北、广西两省区漂流运动现状

地域		漂流景区	备注
湖北省	宜昌	朝天吼漂流、青龙峡漂流、九畹溪漂流、古龙溪漂流	中国宜昌自然水域国际漂流大赛
	黄冈	红安对天河、麻城天景山、罗田进士河、武穴龙珠峡、英山桃花冲、浠水三角山龙潭峡、英山九龙大峡谷	中国·黄冈挺进大别山漂流赛

续表

<table>
<tr><th colspan="2">地域</th><th>漂流景区</th><th>备注</th></tr>
<tr><td rowspan="2">广西壮族自治区</td><td>桂林</td><td>十二滩漂流景区、龙脊峡漂流、资江漂流</td><td>五排河国家探险漂流运动基地</td></tr>
<tr><td>百色</td><td>大王岭森林漂流、平果鸳鸯滩漂流、那坡老虎跳中越跨国峡谷漂流、靖西古龙山峡谷漂流</td><td>—</td></tr>
</table>

其中广西壮族自治区内分布着众多河流和山地,造就了天然的漂流条件,其漂流具有较强的季节性,大多漂流景区在冬季就不再对外开放。

(三)漂流运动的发展趋势

为了漂流运动更加规范化,既需要培养高级专业人才,又需要进一步完善配套设施,注重漂流景区的品牌建设。

当前我国较缺乏具备高素质的专业人才,尤其是在户外运动方面,人才是发展漂流运动的关键。对此,可充分挖掘高校的优秀资源,增加户外运动教学,或者开设相关专业。地方体育部门也可以创办人才培训班,提升从业人员的专业水平,这是漂流运动规范化的重要举措。

为了提高安全性,还必须对景区现有的配套设施(硬件设施、软件设施)进行改进提升,安全保障是体验漂流运动刺激和魅力的前提。这里主要包括对工作人员、安全救护人员进行安全培训,配备应有的医疗器械设备和急救药品,这是保证服务质量、提升服务意识必须具备的内容。

除此之外,品牌建设对景区、地方而言有重要意义。漂流旅游项目需要有自己的品牌,这样才能提升核心竞争力,如将漂流旅游作为一种可持续发展项目纳入旅游总体发展规划。还应注意漂流旅游的科学性,这里针对的是发展可行性。

二、温泉旅游的发展现状与趋势

(一)温泉旅游概述

温泉旅游已成为大众旅游的一部分。早期的温泉资源多用于温泉医疗。随着人们对生活品质的追求,休闲娱乐已成为温泉旅游的重要目的。当前的温泉旅游注重功能的综合性,表现为疗养、保养、修养、休闲、娱乐等,尤其重视营造高质量的温泉环境,室内温泉逐渐向露天温泉转移。

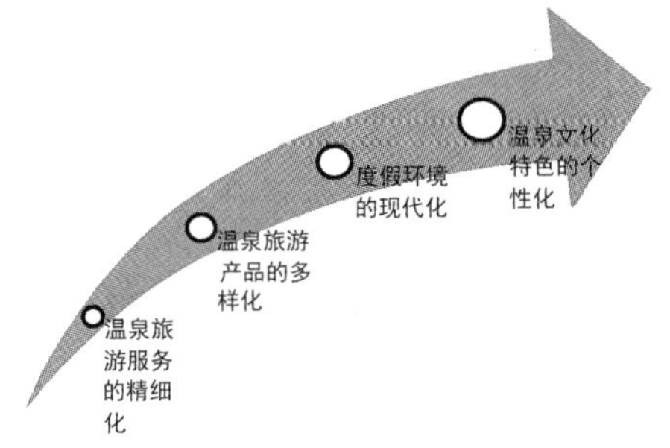

图 5-1　温泉旅游发展新趋势

温泉的种类是根据成因划分的,主要有四种类型,即火山型温泉、深层岩温泉、变质岩温泉、沉积岩温泉。如果按照温泉的温度可将其分为三种:温度高于 75℃ 为高温温泉,温度在 40℃ ~ 75℃ 的为中温温泉,温度低于 40℃ 则为低温温泉。

在中国,有许多温泉城市,所在地区有着丰富的地热资源,而且在开发利用上有不错的成果,如天津市、重庆市、福州市就被冠以"中国温泉之都"(来自于 2010 年末"中国温泉之乡(城、都)"的评选结果)。2014 年,济南市和厦门市被评选为"中国温泉之都"。

(二)温泉旅游的发展现状

在此主要介绍重庆市、福州市、湖北省的温泉旅游发展现状。

重庆市在 2012 年的世界温泉及气候养生联合会第 65 届年会暨国际科学大会上被授予"世界温泉之都"的荣誉,拥有点多面广、类型多样的温泉资源。公元 423 年,重庆市就依据地理优势和温泉资源建立了温泉寺,目前"五方十泉"是重庆市具有代表性的温泉资源。表 5-8 为对这些温泉资源特点的对比。

表 5-8　温泉资源特点对比

名称	平均水温(℃)	日流量(t)	主要矿物成分	主要医疗功能
东温泉	43	1230	硫、钙、碳、氟	热医疗效用明显
桥口坝	41	5000	氡、氟、锶	对皮肤病疗效显著

续表

名称	平均水温(℃)	日流量(t)	主要矿物成分	主要医疗功能
南温泉	42	2890	硫、酸、钙、镁	促进新陈代谢,健身美容,治疗皮肤病和关节炎等
天赐温泉	57	2000	偏硅酸、偏硼酸、硫、钙、镁、锶	对神经系统、消化系统、心血管系统具有医疗效果
贝迪温泉	52	5800	硫酸钙	医疗保健、消除疲劳
统景温泉	47	3000	锶	治疗肥胖症、运动系统疾病、神经系统疾病、痛风等
北温泉柏联SPA	37	5700	硫、钙、镁	治疗神经衰弱、颈椎病、胃下垂等
海棠晓月	52	2500	钙、镁、硫、硅	对消化系统、神经系统、心血管系统等具有保健作用
融汇温泉	54	5000	硫、酸、钙、镁	具有医疗、保健及美容价值

福州市的温泉资源早在唐宋时期就被开发利用起来,主要用于洗浴和治疗,当前福州市主要有六大温泉休闲区域,分别是市区、贵安、桂湖、永泰、闽清、闽侯。其区位分别是中心城区、城市周边、郊野地区,有关三大区位的温泉市场的研究如表5-9所示。

表5-9 温泉市场研究

温泉区位	开发条件	市场及功能定位	主要特点
中心城区	位于城市主要活动区域,约半小时车程;温泉资源丰富,与其他旅游资源整合有限	以所系城市为目标市场,以洗浴、住宿、休疗保健为主要功能	以澡堂和中小型规模露天温泉和酒店为主,走精品化路线,以体验温泉本身为主,温泉历史文化氛围浓厚
城市周边	距城市约1小时车程;温泉资源条件与周边资源条件一般	以一个大中城市为主要目标市场,以建设露天温泉公园为主	规模适中,建设露天温泉度假村,常配套以五星级酒店;也有低层次开发的结合农家乐的温泉泡浴和民宿

续表

温泉区位	开发条件	市场及功能定位	主要特点
郊野地区	距城市 1～3 小时路程；位于旅游资源丰富的地区，资源整合程度高	以多个周边城市为目标市场	规模通常较大，综合利用多种资源建设多功能的温泉旅游度假区，基础配套设施齐全，形成一个旅游综合体

资料来源：王馨种.福州市温泉游憩市场细分研究[D].华侨大学硕士学位论文，2014.

湖北省最为丰富的温泉资源在武汉城市圈周围，尤其是咸宁和黄冈两地有着非常广的资源分布密度。湖北省将建立温泉休闲度假旅游板块纳入旅游业发展规划，用温泉度假带动地区旅游业的发展。目前有代表性的温泉资源如表 5-10 所示。

表 5-10　温泉资源代表

十处代表性温泉
成宁温泉：硫酸钙泉，可治愈疾病有风湿关节炎
赤壁温泉：氡泉，可治愈疾病有贫血、心血管、肝、胃等
崇阳温泉：重碳酸钙镁型，可治愈疾病有风湿关节炎、皮肤病
通城温泉和嘉鱼温泉：重碳酸钙型，可治愈疾病有风湿关节炎
通山温泉：弱碱性重碳酸钙型，可治愈疾病有风湿关节炎、皮肤病
英山温泉：硫酸钠泉，可治愈疾病有皮肤病
罗田温泉：硫酸钠、钙泉，可治愈疾病有高血压、痛风等
蕲春桐梓温泉：重碳硫酸钠型泉，可治疗因缺氟所患的各种疾病
汤池温泉：含氡、氢高，可治愈疾病有心血管、消化道疾病
汤堰温泉：氟硫酸钙型弱放射性氡温泉，可治愈疾病有皮肤病、胃病、关节炎等

（三）温泉旅游的发展趋势

温泉资源的开发应当注意以下几点：

第一，注重温泉的文化特色，应根据其自然、社会有效评估其开发的合理性，提升对温泉环境的保护意识。具体开发应充分利用当地的民俗资源，注重个性化开发，避免温泉旅游产品的同质化。如发掘当地的历史文化，结合自然与人文景观等，如湖北省的荆楚文化。

第二，注意温泉资源的品牌效应，品牌路线应以优质的质量和服务为关键。如结合四季养生的特点，研发沐浴疗养有关的附属产品。

第三，注意温泉的区域合作，打造温泉城市圈，提升竞争力。

三、龙舟运动的发展现状与趋势

（一）龙舟运动现状

龙舟运动在我国有着悠久的历史，目前规格最高的龙舟赛事是从2011年开始的中华龙舟大赛，目前已成功举办八届。下面主要介绍湖北省和上海市的龙舟运动发展现状。

湖北省的主要龙舟运动赛事是“湖北省龙舟大赛”，武汉市职工龙舟大赛，还有“同城双星”龙舟大赛，著名的龙舟代表队有武汉理工大学的“黄鹤”龙舟队、中国濒危文化保护者龙舟队等。

上海市的青浦区意在打造“中国龙舟之乡”，它有着本身所具有的区位优势和文化优势，举办的世界华人龙舟邀请赛是特色品牌赛事。除此之外，还有苏州河国际城市龙舟赛等知名赛事。它们作为体育休闲旅游为体育事业的发展做出了贡献。

（二）龙舟运动的发展趋势

目前龙舟运动的发展趋势有以下几点：

首先，以赛事促环保。龙舟运动的发展使人们越发关注水域的水质情况，这对促进水污染治理、保护水资源有积极意义。

其次，要积极扶持民间社团。龙舟运动的发展来自于人们对龙舟运动由衷的喜爱，尤其是民间社团的成员，他们是建设龙舟运动体育事业的中坚力量。政府应积极扶持民间组织，给予技术指导、政策支持、资金支持，如满足场地需求，以购买公共服务的方式给予资金支持等。

最后，龙舟运动还应结合城市发展，使龙舟竞赛融入到城市发展中。

第六章　休闲体育产业产品的发展

当今，国民经济持续高速增长，居民经济收入大幅度提高，生活状况得到明显改善，人们对物质需求满足的同时，对多姿多彩的精神文化和娱乐生活也较为重视。休闲体育恰好补救了人们的缺憾，其有助于缓解精神压力，陶冶人们的情操和提升国民综合素质，是当前国家精神文明建设倡导的彰显。就目前我国经济社会发展水平和现阶段社会消费结构而言，个人休闲体育消费的比重在个人余暇消费中逐渐增多，在社会余暇消遣和娱乐休闲消费中日益发挥着重要的作用，是整个社会消费结构中必不可少的要素。随着健康观念的深入人心，人们追求休闲体育的欲望更加强烈，参与休闲体育、享受休闲体育和消费休闲体育成为一种时尚潮流和全新的理念，促使休闲体育产业逐渐成为国内具有广阔发展前景的朝阳产业。休闲体育产业的兴衰和休闲经济的可持续发展直接受到休闲体育产品的数量和质量的影响，因而，十分有必要对休闲体育产品进行开发。

第一节　休闲体育产品的开发与设计

休闲体育产品竞争力的强弱关乎休闲经营者的市场份额和经济收益的高低，而休闲体育消费者对其休闲体验与经历的满意度直接受到休闲产品价值量大小的影响。因此，对休闲体育产品的开发，究其根本是对新老休闲体育产品的竞争力和价值量的开发，这对休闲经营者和休闲消费者来说，具有十分关键的现实意义。①

一、娱乐休闲型体育产品

娱乐休闲型体育产品顾名思义，就是以娱乐、消遣、休闲、放松为宗旨，

① 马勇.休闲学概论[M].重庆：重庆大学出版社，2008.

以感受身体和精神上的愉悦为目的的多种休闲体育活动的总称。娱乐休闲型体育产品的开发较为重视休闲主体的参与和体验,注重外在和内在的愉悦,强调身心合一与放松的状态,对其竞技性并不十分看中。

(一)高尔夫球

"高尔夫"原意是"在绿地和新鲜空气中的美好生活",是把享受大自然乐趣、体育锻炼和游戏集于一身的一种运动。高尔夫球运动主要是以棒击球入穴为形式的球类运动,现代高尔夫球运动已成为贵族运动的代名词。伴随高尔夫球运动和高尔夫球场相关产业的发展,现代高尔夫球场的运动条件与设施日渐趋于完善,功能也更加多元化。如今的高尔夫球场不仅包括高尔夫运动场所,还开发了度假别墅及其他运动设施,或在球场附近,或邻近旅游景点,与球场连成旅游路线,有利于增加球场多元化的功能,带动相关产业的发展。

对高尔夫球运动项目进行开发与设计时,应注意掌握其特点,只有把握了其运动特点才能进行有效、合理的产品开发与设计。以下是高尔夫运动项目的主要特点:

其一,高尔夫植根于大自然且亲近爱护大自然。高尔夫是一种户外运动,但它与众多户外运动不同,其场地最大。高尔夫球场本身就是大自然或是经过修整的大自然,为球手提供了一个广阔的活动空间,球员在沐浴阳光、呼吸清新空气、置身宁静氛围的同时,心理压力得到释放,精神得到放松和愉悦。从该角度出发,高尔夫球场是回归自然的理想之地,是天然的"氧吧",最大的"太阳康复中心"。

其二,高尔夫球运动具有较强的参与性。其从运动方式到运动强度,不受年龄、性别和身体素质的限制和约束,儿童和老人均可参加,只要在正确和适度的操作下。此外,高尔夫球运动不会受到场地距离的限制,或步行或坐球车;在运动的过程中,球手可依据自身的体力情况适时调整节奏和强度。

其三,高尔夫球运动主要以球员自身为对手。就比赛方式而言,球员在比赛过程中完全是"独立作战",其现场发挥的好与坏不会受到对手的影响,完全掌控在球员自己的手中。高尔夫球运动没有对手作为参照物,比赛全程高度集中于自我心理的调节和控制,以狭窄内部的关注为主要特征,可以说是一种战胜自我的游戏。

其四,高尔夫球运动是运动创伤最少的项目。因为选手之间没有身体接触,不会出现故意拉人、绊人和扯衫等举动,除了因场地表面原因可能造成的脚部扭伤外,几乎没有引起运动创伤的外界因素。

其五，高尔夫球运动注重礼仪，讲究自律。《高尔夫规则》中的第一章，就是谈高尔夫运动的礼仪，对传统性的文明礼貌尤为重视。譬如，“为其他球员着想”“球场优先权”“对球场草坪保护”等规则，皆体现了“先人后己”“礼贤下士”的绅士风度，故而，人们也称高尔夫球运动是“绅士运动”。在其规则的作用和人们主观意识的约束下，球员对自己成绩的确认和评判都应体现良好的自律品质。高尔夫球运动与众不同的特点和规则使它成为一种讲求文化含量的休闲娱乐运动。

高尔夫球运动是障碍最低、最安全的休闲运动之一，有其显著的运动价值，时常打高尔夫球有利于锻炼身体的协调性和柔韧度等，有利于提高心肺功能。高尔夫球场占地广阔，走路对于高尔夫运动来说，是一个必不可少的要素。据瑞典的一项调查显示：在高尔夫球运动的过程中，走路打完18洞，相当于最激烈的有氧运动40%～70%的强度或45分钟的健身训练。心脏病专家帕兰克通过相关研究后表示：走路和打球可以有效降低坏胆固醇，保持好胆固醇。胆固醇是人体内根本脂类化合物，是构成细胞膜的重要元素，也是制造激素的重要原料，几乎组成了我们的大脑细胞，如果坏胆固醇偏高，则会引起冠心病概率的增加。据调查，在一组性别、年龄和社会经济状况相同的人中，从事高尔夫球运动的人平均寿命要长5年。

（二）垂钓

所谓垂钓就是“钓鱼”，是一种使用钓竿、鱼钩、鱼线等工具，从江河湖海及水库中捕捉鱼类的活动。垂钓有淡水钓和海钓两大类，淡水钓分沉底钓、流水钓和中层钓等技法；海钓有岸钓和船钓两种方式。

钓鱼是一种体育活动，始于古代的劳动过程，几十万年前就已产生。在西安半坡文化遗址中考古学家发现了大量骨制鱼钩，这证实了我国钓鱼活动在新石器时期的母系氏族社会就已发生。《中华风物探源》一书说：“中国钓鱼史至少已有7000年。”古代人为了谋生，自创了摸鱼、叉鱼、棒鱼、射鱼、网鱼和钓鱼，主要作为一种劳动手段而存在。随着社会生产力的不断发展，生活质量和生活水平的不断提高，垂钓逐渐与生活活动相脱离，成为一种充满趣味、充满活力、充满智慧和格调高雅的休闲体育活动。

为了丰富群众的休闲文化活动和促进休闲渔业产业的发展，垂钓被列为我国正式开展的体育运动项目之一。2011年12月23日，中国休闲垂钓协会第一次全国会员代表大会暨一届一次理事会在北京召开。

如果对垂钓的基本常识和科学方法认识不足，则发挥不了其锻炼和养生的作用，可能会与理想效果背道而驰。故而，在对垂钓文化进一步传承和发扬，对休闲垂钓产品进行开发与设计时，必须要全面系统地认识垂钓运动，在安全的基础上保证垂钓爱好者实现锻炼身体和娱乐心情的目的。

1.垂钓的特点

钓鱼是一项动静相宜、富有情趣的活动。就整体而言，钓鱼是一种静态的活动，但也有动态的内容，例如甩杆、提杆、遛鱼到收鱼的全过程都需要调动身体各个部位，垂钓在动静结合中散发着独特的迷人魅力，让垂钓者在活动中身心受益。心理学家认为，人在垂钓的过程中，心里会被“咬钓”的情绪所牵引，因此可以将头脑中的纷繁杂念全部抛出，相当自然地达到精神专一的状态，有时甚至进入精神细胞不再接受和回答外部世界对感觉器官刺激的境界，从而促使脑组织得到最佳的调节，这对因感情区域失去正常功能而导致各种疾病的康复十分有帮助。经常性地参加钓鱼活动，既能陶冶情操和锻炼身体，也能丰富和充实生活内容，得到“愉”的享受。

2.垂钓的锻炼价值

垂钓是一种远离空气混浊的城市，回归大自然的野外活动，垂钓之处草木葱茏，空气中弥漫着大量的负离子和杀菌素，这些物质不仅让人倍感舒服，心旷神怡，还能改善人的肌体功能，有益大脑健康。钓鱼既要求环境安静，还要求心境平静，在垂钓的过程中，垂钓者会随着浮标不知不觉达到精神高度集中的状态，有利于排除杂念烦恼，得到压力的释放。垂钓者在钓鱼时需不断地甩竿、投食，或蹲或站，经常变换各种动作，促使全身各部位的机能得到锻炼。总而言之，垂钓是钓鱼、郊游、观赏和休息的结合，老年人可以在闲暇时间操起鱼竿，舒展筋骨、增进健康、丰富闲暇生活。

3.垂钓工具

鱼竿、鱼线、鱼钩、鱼饵、鱼漂和沉子是垂钓的基本工具，失手绳、渔具盒、钓鱼服、钓鱼鞋、钓箱线轮、抄网和鱼篓等是垂钓的辅助工具。

(1)鱼竿。鱼竿是钓具的主体部分，近年来，传统的竹、苇竿或竹苇混合制成的鱼竿已基本不再使用，取而代之的是各式各样的现代化鱼竿，如玻璃钢竿、碳素竿、玻璃纤维与碳素纤维混合制造的鱼竿、电脑全自动钓鱼器以及可调式鱼竿架等。鱼竿有手竿、海竿和手海两用竿三种。

(2)鱼线。鱼线就是垂钓时绑接鱼竿和鱼钩的线，鱼线的粗细、拉力的大小和染色的好坏，会直接影响上钩率。目前市售鱼线大多是单丝尼龙线，按照垂钓需要，可分为人工合成鱼线——尼龙线、天然纤维鱼线和金属鱼线三种。

(3)鱼钩。鱼钩是垂钓时用于悬挂钓饵以吸引鱼类上钩的工具。鱼钩的发展速度很快，种类繁多，有不锈钢的，也有碳素材料的合金钢，大小型号分类也比较多。完美的鱼钩应当具备坚、利、韧、轻四个特点。按照使用目的，可分为生产性捕钩和娱乐性垂钓钩两大类。

(4)鱼饵。无论是钓鱼比赛或平时钓鱼，鱼饵总归是非常重要的一环。所谓鱼饵就是垂钓时引诱鱼类上钩的食物，按诱鱼原理可分为真饵和假饵。

(5)鱼漂。鱼漂是垂钓时鱼儿咬钩的讯息反应的工具，它又称浮标，是钓鱼收获好坏的重要环节。人们通过鱼漂的动作，不但可以判断鱼儿吃食的情况，从而决定提竿的时机，还可以通过鱼漂的动作判断出是什么鱼在咬钩。

(6)沉子。沉子又称沉坨、铅锤，是一种调节鱼漂的工具。①

(7)连接具。连接具是连接鱼线与钓竿、母线与子线的一种连接物，连接环使用最广泛②。

二、户外度假型体育产品

度假旅游是旅游者在长期工作或劳动之余以度假和休闲为主要目的和内容的一种旅游消费活动，是以休假、疗养等方式消除疲劳、增进健康的一种旅游方式，也可称之为休闲旅游。度假旅游是观光旅游发展到高级阶段的必然产物，是一种更高层次的旅游形式，其更加注重环境的优美与安静、娱乐生活的多姿多彩、游憩设施是否有益于身心健康以及服务的高品质化。所以，在对户外度假型体育产品进行开发和设计的过程中，要尽可能地迎合休闲者的度假口味。

下面以露营和溯溪为例。

(一)露营(野营)

露营是一种休闲活动，也是一种短时的户外生活方式，通常露营者携带帐篷，离开城市在野外扎营，度过一个或多个夜晚。露营分常规露营、汽车露营和房车露营等，其往往还和其他活动相联系，如徒步、钓鱼或者游泳等。在现代社会中，露营已成为群众普遍的休闲度假活动，越来越多的人在闲暇时间以“驴友”的名义会聚起来体验户外野营生存。露营作为一种前卫的户外旅游方式，深受都市人们的喜爱与青睐。

依据野营宿营地的设计构建，可分为常规露营、汽车露营和特殊形式露营三种形式。

---

①② 刘缨.垂钓绝招图解[M].海口:海南出版社,1996.

其一,常规露营。露营者徒步或者驾驶车辆到达露营地点。露营者通常在山谷、湖畔或海边生篝火、烧烤、野炊或唱歌,这是最普通的露营活动。时常进行这些活动的旅行者也被称为背包客,我们又称“驴友”。

其二,汽车露营。以汽车为交通工具、放弃背包等而进行的露营活动。汽车露营分为常规汽车露营和房车露营。常规汽车露营指驾驶小轿车、卡车等常规车辆,携带帐篷、睡袋、防潮垫、户外炊具等设备在合适的地方进行的露营体验。房车露营指驾驶房车进行的露营活动,房车本身就具备床铺、厨房、卫生间等生活必备空间设置,也具备供暖和冷气设备,这样的露营方式较为舒适。

其三,特殊形式露营。特殊形式的露营,如长距离攀岩可能需要耗费一天以上的时间,为了休息,露营者会携带帐篷,随时随地“扎营安寨”,这样的露营既危险又刺激。

不管何种方式的露营都需要在野外选择合适的营地,需要正确地搭建帐篷。营地的选择别有洞天,不能在峡谷中央扎营,可能会有山洪;不能在悬崖之下扎营,可能会有落石;不能在靠近水的地方扎营,可能会涨水;不能在草木丛中扎营,可能会有蛇虫;不能在独立树下扎营,可能会有电击。总而言之,露营地应当选在水源补给、营地平整、背风背阴、远离危险的地方,以下是露营地的选择原则。

1.安全

营地的选择,首要考虑因素就是安全,即营地远离危险,在远离危险、安全有保障的前提下,充分考虑营地睡眠的舒适性及餐饮、娱乐、卫生等生活功能的便利性。在搭帐篷之前,必须仔细勘察地势,营地上不要有滚石、滚木及风化的岩石,尽量避免在凹状的地方扎营。雷雨天不要在河滩、河床、溪边及川谷地带建立营地,以防被突如其来的洪水冲走;也不要在山顶或空旷的地方安营,避免雷击。

2.近水

营地附近要有充足的水源供应地,可以在靠近溪流、湖潭等地扎营。需要注意的是,不能将营地扎在河滩上或溪流边,万一遇上暴雨或上游水库放水就会有生命危险。

3.背风

在进行营地选择时,不能忽视背风这个问题,注意帐篷门的朝向不要与风向一致。

4.近村与背阴

营地应毗邻村庄，特别是在没有柴、蔬菜、粮食等情况下显得尤为重要，近村就是近路，有利于队伍的行动和转移。营地的选择也要考虑背阴的因素，在天气晴朗的情况下应当在背阴的地方扎营，例如在山的北面，最好是朝照太阳，而非夕照太阳，这样可以避免帐篷过于闷热，尤其是炎热的夏天。

“天当被，地当床，野菜野果当干粮”正是露营的形容，它使我们回到自然母亲的怀抱，在清新的环境中活动筋骨、释放压力、愉悦身心。

（二）溯溪

所谓溯溪，是指由峡谷溪流的下游向上游，克服地形上的各处障碍，穷水之源而登山之巅的一项探险活动。溯溪一词来自于日本词汇“泥登哆”，字面意思就是沿溪谷而攀登。溯溪运动原是欧洲阿尔卑斯的一种登山方式，现演变为相对独立的一种户外运动形式。对溯溪者来说，素质技能要求甚高，因为溯溪是集登山、攀岩、露营、游泳、绳索操作、野外求生、定位运动、赏鸟等综合性技术于一体的户外活动。20 世纪六七十年代，溯溪运动盛行于日本，出现了众多的社团组织。

就种类而言，溯溪分为完全溯溪和段落溯溪。完全溯溪就是沿着溪流的下游直溯而上，直至顶峰，难度最大，然而登顶的成就感和收获是一般运动所不能比拟的。段落溯溪是指选择一段溪流溯行，可上可下。段落溯溪是完全溯溪的普及版，是最一般的溯溪方式，在其过程中，主要是享受露营垂钓的乐趣，以及飞瀑峭壁等美景。

由于溯溪是集登山、攀岩、露营、游泳、绳索操作、野外求生、定位运动、赏鸟等综合性技术于一体的户外活动，因此具有挑战性和相对危险性。溯溪活动需要团队相互配合，在团队精神的支撑下，完成艰难的攀登活动。对溯溪活动产品进行开发和设计时，应注意以下几个问题：

一是重视队员的结构组成，对成员进行合理划分，将年龄、技术水平及身体素质等因素考虑在内。一般而言，成员中新手的人数不宜超过 1/3。

二是充分做好前期资料的搜集准备工作。知晓溯登季节和收集气候状况信息，仔细分析溪谷地形的特色和天气的变化，还要熟悉地形图。溯溪图是依据峡谷溪流的地形特点而绘制的简单明了的溯行路线特征图件，是溯行前必须准备的物品之一。有经验的溯溪者可以通过该图件清晰地判断出溯行地区遇到的不同地形特征，便于有目标地开展各项准备工作。而判读溯溪图是溯溪的根本技能，学会绘制溯溪图则更使溯溪组织之间多了一份交流的宝贵资料。一般 1：50000 的溯溪地形图可以充分地反映主要的地形特点,譬如岩石堆、瀑布、深潭等特征地形。

三是结合队员的实际情况规划相应的路线。譬如,针对没有经验的队员,设计的路线应简单易行。

四是溯溪计划活动的安排要考虑诸多安全预案。在溯溪活动之前要准备前进路线与临时撤退的紧急应变方案,每个队员都要明白计划与方案内容,同时把全部详细资料备份留给担任留守联络的人员,互相交换联络方式。在进入溪谷时,要结伴而行,不能单独行动,以防受困无法脱身。假如溪谷内没有理想的宿营地,则需趁早设计野地露营地。

五是做好前期溯溪装备的准备工作,如食材计划与采购、医药品的准备及溯行人员职务分配等。在准备相关装备器材时,既要充足又要精简,熟知各种器材的操作方法。溯溪是登山、攀岩和游泳等户外运动的精髓的结合体,除了体力、耐力外,勇气与团队合作也十分重要。溯行者在一定装备和技术的帮助下,能够克服如急流险滩、深潭飞瀑等各种艰难险阻,具有刺激性和挑战性。因为地形复杂,不同地方须以不同的装备和方式行进,使溯溪活动充满了神秘感和迷人的魅力。溯溪的配备没有严格的要求,需要具体情况具体分析,譬如在过溪或攀岩时需要准备绳带。

溯溪是登山的一种方式,因此,登山装备必不可少。此外,还应具备一些溯溪专用的物品,如溯溪鞋、护腿和防水衣物等。溯溪鞋是溯溪者必备物品之一,应挑选具有防水材料、抓地力较强的溯溪鞋,这样既不易磨损又能达到阻滑的功效。溯溪的衣物讲求快干保温,选择快干的衣物及排汗内衣是很必要的,如轻便、透气性良好的尼龙面料。露宿帐篷、炊具、食品及衣物等依时间、以轻便为准则有选择性地携带。以下是溯溪活动前期需准备的基本装备:

护腿:一般由防水材料制成,既有一定的防寒作用,又可防止因杂草岩石而引起的碰伤、擦伤和割伤。护腿分为长筒和短筒两种,长筒可以保护膝盖和小腿。

头盔:可以保护头部免于溪攀滑坠及落石袭击的伤害,最好选择轻便的攀岩头盔或登山头盔。

防水背包:溯溪者通常多使用骑行包,以能够携带溯溪设备和攀登用品为准则。

防水内袋:溯溪偶尔要经过深潭峡谷,背包下水较为普通,单用塑料袋将背包里的东西绑起来不足够用来防水,在背包里加装防水内袋十分有必要。

上升、下降器:在向上或向下攀登时使用,也可起保护作用。

下降器主绳:直径 9~11 毫米,拉力 2000~3000 千克,防水。

安全带:攀登者穿在身上,由铁锁等与主绳相连,起保护作用。

铁锁:用于连接各种绳索、安全带及攀登器械,使用简便。

防水镜:保护攀登者眼睛。

溯溪者在参加溯溪活动之前,为了防止意外危险事件的发生,应参加溯溪运动的专业训练,学习各项攀登、溯行技术。

三、疗养保健型体育产品

伴随人民生活水平的提高,保健成为一种潮流。疗养保健型体育产品是以治疗疾病、恢复体力、强身健体为主要目的的体育产品。就其功能而言,分为疗养型和保健型两大类,疗养型以治疗和康复身体为目的,通过休闲体育来康复疾病;保健型借助休闲体育,来实现增强身体素质、预防各种疾病等目的。

下面以 SPA 和泡温泉为例。

(一)SPA

SPA 就是放松保养疗法,中文也称水疗,该词源于拉丁文,意指用水来达到健康。SPA 早期以具有疗效的温泉和矿泉区为主,至今演变成集休闲、美容和减压于一体的休闲健康新概念。SPA 的美妙气息蔓延了几百年,内容包括按摩疗法、瑜伽疗法、芳香疗法、水疗、泥疗及五感疗法等;养生、健身和愉心是其目的;水、声音、光线、植物芳香精油、海里的矿物泥及烤热的石头是其手段;满足人的视觉、嗅觉、触觉、听觉、味觉和心灵感受,带给人愉悦的享受是其结果。现代 SPA 结合了人体的精、气和神,以此达到身与心的全面舒展,是身体和精神的愉悦享受。

早在公元前 1500 年,印度人就以这种“神水”来疗伤镇痛;古希腊人将其视为一剂治病强身的灵丹妙药;罗马帝国时期,人们用水疗来康复醉酒和精神问题等疾病;16 世纪,法国国王亨利三世用海水来治疗皮肤疾病。医学界也不断探索和研究水疗对净化人体、预防和治疗诸多疾病的原理。近代后,专家揭开了水疗对人体预防与康复疾病的神秘面纱:一方面,在进行水疗时,各种矿物质和稀有元素会被肌肤吸收,有助于恢复细胞内部的平衡,在淋巴循环的渗透下,有效清除体内的毒素;另一方面,人体内脏器官的神经末梢与皮肤上相对应的反射区域具有联系,而水疗能够安抚人体的皮肤,恢复身体的疲劳。

水疗具有健身、预防与康复疾病的作用,如缓解身心疲劳和预防心血管疾病。按摩和海草的使用能够有效地减轻体重,因为在水压的变化下,肌肉和皮肤之间会形成挤压,继而对脂肪细胞产生刺激,引起脂肪细胞的运动,达到多余脂肪燃烧的效果。水疗种类繁多,通过组合不同的水疗程序,来达到特定治疗的目的,比方说,有些水疗侧重放松、舒缓和排毒,有些则以健美瘦身为主旨,还有些着重于芳香精油、海洋活水或纯草本疗法。流动式水疗法和冲洗疗法是主要的水疗方法。

流动式水疗法:水通过较强的冲击力流入身体的各个部位,以此达到按摩的效果,有助于解压、瘦身、恢复关节及结缔组织损伤和舒缓某些神经疾病。此外,身体在温润的水中浸泡,可以得到放松,对健康和健美有一定的功效。

冲洗疗法:主要以射流和喷雾进行水疗,其方式繁多,如高压冲射淋浴、脉冲喷头淋浴和细密如针的喷雾淋浴等。这种方法的局部疗效要高于全身沐浴。

SPA 可以缓解压力和疲劳,让人在忙碌的生活中找到一个慰藉口,使人的身心得到愉悦的享受。SPA 有助于改善人们的亚健康状态,随着 SPA 养生观念的深入人心,SPA 水疗法将成为继保健品之后健康产业的又一明日之星。

(二)泡温泉

温泉是泉水的一种,严格意义说,是从地下自然涌出的自然水,泉口温度明显高于当地年平均气温而又低于或等于 45℃的地下水,并含有对人体健康有益的微量元素。现在也有很多地区人工打井,一般在 600~2000 米,用深水水泵抽取地下水,这种地下水富含多种有益矿物质,水温一般在 20℃以上,也称温泉井。地底有热源存在、岩层中具有裂缝让温泉涌出、地层中有储存热水的空间,这是温泉形成的三个条件。温泉主要分为火山型温泉和非火山型温泉。

火山型温泉。雨水降到地表,向下渗透到地壳深处,在高热和压力作用下,依裂缝上升涌出地表时,温度仍然高于人体体温。其涌出的形态很多,有寂然无声徐徐涌出的,也有轰轰喷泻而出的,还有混合泥浆和天然气一块涌出的。

非火山型温泉。通过物理探测和地质分析,推算出因地热产生的含水层深度,以此在有温泉开发可能性的地热地区进行钻探,从深层断裂带打出温泉水。其包括深层岩温泉、变质岩温泉和沉积岩温泉。就温度的高低而言,温泉水可分为高温温泉、中温温泉和低温温泉;就热水的酸碱性而言,温泉可分为酸性温泉、碱性温泉和中性温泉。此外,温泉主要包含氯离子、碳酸根离子和硫酸根离子成分,根据这三种离子所占的比例,温泉可分为氯化物泉、碳酸氢盐泉和硫酸盐泉。

在对温泉疗养保健型体育产品进行开发和设计时，应重视科技含量的提高。科学合理地采用一些香料、中医汤药和自然界中对人体有益的矿物质，依据温泉的本质特征和不同游客的需求，开发和设计出具有保健疗养或功能独特的产品。

1.泡温泉的疗效

温泉是一种自然疗法，大部分的矿物质会沉淀在皮肤上，有效改变皮肤的酸碱度，不同泉质的温泉具有不同的疗效。泡温泉可以促进血管扩张和血液循环；有利于增加肌腱组织伸展性，解除肌肉痉挛，缓解疼痛；能够有效改善内分泌和免疫系统；可以加速热量的消耗，从而实现瘦身；促进内腹压和心脏容量的增加，促进排尿；在水浮力的作用下，可以相对容易和省力地进行复健运动。

2.泡温泉的适应症

关节炎：泡温泉和运动治疗相结合，一方面可以缓解疼痛，另一方面可以增加胶原延展性，促进关节活动度、血液循环和新陈代谢，具有显著的疗效。

神经炎：能够减轻疼痛，且具有镇定的作用。

皮肤病：有杀菌、去角质的功效，对青春痘、痒疹和脚臭皆有疗效。

痔疮：能够舒缓病症，促进肛门血液的循环，防止恶化。

肥胖症：热疗可以消耗热量，有利于减轻体重，达到瘦身的功效。

3.泡温泉的注意事项

泡温泉虽然好处多多，但并非人人都适用。皮肤病患者不宜泡温泉；孕妇及刚手术者不宜泡温泉；心脑血管患者不宜长时间泡温泉。由于水温过高，会使人心跳加快、心肌缺氧；进水和出水冷热交替会引起血管扩张和收缩，容易诱发心梗和脑中风；容易失眠者不宜长时间泡温泉；饮酒的人不宜泡温泉。

四、休闲健身型体育产品

休闲健身型体育产品强调“休闲”和“健身”，借助休闲体育活动达到健身的功效。休闲健身型体育产品不仅可以强身健体、增进人体健康，还可以缓解压力和紧张，使人身心得到放松和愉悦。

下面以健美操和瑜伽为例。

（一）健美操

健美操是融体操、舞蹈、音乐、健身、娱乐为一体，且以有氧练习为基础的休闲体育活动，深受人们的青睐。

健美操大量吸收了迪斯科舞、爵士舞和霹雳舞的某些动作，为其注入了活力。健美操有利于减少臀部和腹部脂肪的堆积，有利于改善动作的协调性和灵活性。随着大众休闲娱乐活动的增多，健美操日益受到人们的追捧。健美操的休闲形式丰富多彩，徒手健美操吸收了瑜伽健身术、拉丁健美操、街舞和搏击操等内容；器械健美操是踏板操、健身球操和哑铃操等的集合体。多样化形式的健美操可以满足不同阶层对休闲健身的需求，各阶层、各年龄段的人可以结合自身的具体情况，挑选与自己相符合的内容、强度或负荷来进行健身运动。譬如，不同年龄段的女性对休闲健身需求具有显著的差异，年轻女性偏爱拉丁健美操、街舞等项目，这些项目的运动量往往具有高强度和大负荷的特征；年老女性较适合低强度和小负荷运动量的活动，如广场舞等。

当人们满足于健美操休闲性的同时，越发注重健美操休闲的品质，人们对健美操的诉求由身体的健美需求转向对心理愉悦的追求。在现代快节奏的生活和高强度的工作影响下，人们越发感到内心的彷徨和焦虑，这时，休闲活动成为释放压力的出口，而健美操就是人们缓解压力，松弛心情的一种有效休闲方式。

随着社会经济和文化的发展，人们在追求物质生活不断丰富的同时，对精神生活的高品位和高质量也更为注重，这就给健美操的发展提出了更高的要求。人们对健美操不再满足于单纯的“操练”，即一个场地、一套音响或一个教练，对休闲环境的要求更高。譬如，在健身俱乐部中进行一场淋漓尽致的健身操后，享受一个舒适的SPA，让人们在优雅的环境中充分享受文化和休闲。由此看来，未来健美操休闲必将朝着高雅化的方向发展。

（二）瑜伽

“瑜伽”是一个汉语词汇，最早从印度梵语“yug”或“yuj”而来，其含意为“一致”“结合”或“和谐”。瑜伽源于古印度，是古印度六大哲学派别中的一系，是“梵我合一”的道理和方法的探寻。现代人所说的瑜伽主要是一系列修身养性的方法，例如调身的体位法、调息的呼吸法和调心的冥想法等。

瑜伽发源于印度北部的喜马拉雅山麓地带，古印度瑜伽修行者在大自然修炼身心时，无意发现各种动物与植物天生具有治疗、放松、睡眠或保持清醒的方法，患病时能不经任何治疗而自然痊愈。于是古印度瑜伽修行者根据动物的姿势研究、模仿和体验，创立出一系列有益身心的锻炼系统，也就是体位法。

瑜伽在几千年的发展演变后，延伸出了很多派别。智瑜伽、业瑜伽、哈他瑜伽、王瑜伽和昆达利尼瑜伽是正统的印度“古典瑜伽”。不同的瑜伽派别理论具有显著的差异：智瑜伽倡导培养知识理念；业瑜伽强调内心修行，引导更为完善的行为；哈他瑜伽包含精神体系与肌体体系；王瑜伽侧重意念和调息；昆达利尼瑜伽偏重能量的唤醒和提升。所以，在对瑜伽休闲健身体育产品进行开发和设计时，要有针对性地对不同派别理论瑜伽进行差异性开发，尽可能做到各具特色、互为填补，以顺应和满足不同人群对休闲健身的需求。在现代人的身心健康需求基础之上，产生了很多新的瑜伽种类，比如，对锻炼法、对象、效果或宗师等的侧重。

瑜伽还分为高温瑜伽、舒缓瑜伽、Iyengar 瑜伽、Ashtanga 瑜伽、双人瑜伽、孕妇瑜伽、亲子瑜伽、塑绳瑜伽、塑球瑜伽、爱笑瑜伽以及其他瑜伽。

1.高温瑜伽

强调在 40℃上下的教室里练习体位法，以大量流汗为趣味。

2.舒缓瑜伽

以尽量放松身心为宗旨的体位法练习，教练主要引导学员身体的放松和舒缓，此类瑜伽对失眠和高压力人群较为有效。

3.Iyengar 瑜伽

以著名的印度瑜伽大师 B.K.S.Iyengar 的名字命名的瑜伽。姿势的精准、练习顺序的侧重及辅助器材的运用等，是此类瑜伽的特色。此类瑜伽是目前公开介绍呼吸锻炼法最多的瑜伽。

4.Ashtanga 瑜伽

强力且连续的体位法练习，注重动作和呼吸的配合及 Ujay 呼吸法的运用,是此类瑜伽的特点。此类瑜伽根据难度,设置了多套连续的体位法顺序,每套全部练完就要一至两小时甚至更长的时间,动作相当有难度。

5.双人瑜伽

主要是情侣夫妻配对的体位法练习。此类瑜伽的产生主要是为了吸引更多的学员。

6.孕妇瑜伽

针对孕妇专门开设的瑜伽课程。也是为了吸引更多的学员。

7.亲子瑜伽

针对父母和孩子开设的瑜伽课程。

8.塑绳瑜伽

在普通的瑜伽体位法练习的基础之上,辅之以绳子等器材。

9.塑球瑜伽

在普通的瑜伽体位法练习的前提下,辅之以大、小的弹性球等器材。

10.爱笑瑜伽

也称“大笑瑜伽”,是全世界第一个将大笑视为一种运动方式的瑜伽。

11.其他瑜伽

除了以上瑜伽种类,还有很多混合不同运动体系的瑜伽类型,例如气功瑜伽、太极瑜伽、彼拉提斯瑜伽和印度舞蹈瑜伽等。随着瑜伽商业化的发展,各种练法也独辟蹊径。

瑜伽集哲学、科学和艺术于一体,是修习者通往精神世界的工具。瑜伽和其他运动一样在不正确的练习下会给身体造成一定的伤害,因而,在练习的过程中,须依照自然的规律循序渐进,同时要有专业人士的指导。

练习瑜伽需注意以下内容:

第一,瑜伽适合在空腹状态练习。

第二,瑜伽应在个人极限的范围内,柔和地伸展身体,切忌用力推拉牵扯,否则极易使自己的关节和肌肉受到伤害。

第三,在练习的过程中,如果出现体力不支或感到痛苦,要马上停止练习。

第二节　休闲体育产业的经营与管理

发达国家的休闲体育产业发展相对完善，我国可以从中借鉴其发展的长处。休闲体育企业的可持续发展受其经营好坏的直接影响，经营状况决定了休闲体育企业的竞争力及产品和服务的质量，可见，企业的经营离不开科学化管理。

一、休闲体育产业发展与划分

（一）国外休闲体育产业发展概况

"二战"后是西方民众普遍参与休闲体育的主要时间节点。伴随人口的快速增长、经济的迅猛发展及人们收入的大幅度提高，尤其是20世纪50年代西方大部分国家实行每周40小时工资制后，人们大多有钱有闲，因而很多民众的注意力开始转嫁到各种休闲活动上，和体育相关的消费活动也大量增加。在市场经济的作用下，各种资源流入休闲体育的各个环节，推动休闲体育市场充分的发展。与休闲体育有关的新的生活方式受到人们的青睐和追捧，休闲体育的规模不断扩大，休闲体育产品不断得到开发与普及，休闲体育产业日渐形成且与其他很多产业相互交织，参与人数日益增多。

1.美国休闲体育产业

美国是世界上第一大经济体，同时其休闲体育产业也是全世界规模最大、最发达、最完善的。20世纪80年代美国与体育有关的产业产值已超过石油、化工等传统行业的产值，几乎占GDP的1%，在各大行业产值排名中居22位。美国科尔尼管理顾问公司调查显示："90年代中期，美国的体育产业市场价值为1520亿美元，成为美国第11大产业，产业总值占GDP的2%。"1997年，美国学者米勒在其《体育商业管理》一书中说："根据商业部的报告，美国以健身娱乐为主要内容的休闲产业的产值已超过4000亿美元。时下美国人每挣8美元就有1美元花在健身娱乐消费上。"美国著名咨询公司普拉肯特研究公司统计表明："至2007年底，美国休闲体育产业增加值已达4100亿美元，接近GDP的3%，是汽车产业的2倍、影视产业的7倍，美国休闲体育产业吸纳的就业人口已超过400万。"美国体育产业早在

19 世纪初就进入了商业化的进程,生活水平的提高促进了休闲健身的兴起,许多运动项目受到了广大民众的喜爱和参与,满足了人们社会交往、身心放松、寻求刺激及挑战自我等的需求。美国的大众体育健身服务业,囊括了体育设施建设、参加各类体育俱乐部的活动和体育旅游活动等,在美国体育产业市场中独领风骚,占整个体育产业的 32%。国际健康及运动俱乐部协会调查称:"在健身业发达的美国,1987 年有 1370 万人去健身房锻炼,1998 年增长到 2420 万人,2004 年 1 月的数据为 3940 万人。"截至 2005 年 1 月,美国的健身俱乐部数量已达 26830 个,相当于欧洲各国健身俱乐部的总和。体育用品生产业几乎占整个体育产业的 30%,位居第二;体育竞赛观赏业约占体育产业的 25%,位居第三。

美国的体育产业发展程度很高,体育竞赛表演活动是其核心,而健身培训业、户外运动及体育用品业的参与人数、创造产值和就业机会表现较为突出。体育竞赛表演业和体育健身服务业是休闲体育的主体产业,其市场份额占体育产业的 57%。美国四大职业体育联盟:NBA(美国男子篮球职业联盟)、NHL(美国冰上曲棍球联盟)、MLB(美国职业棒球大联盟)和 NFL(美国美式橄榄球大联盟)共同维系了庞大的商业帝国,也聚焦了全世界体育迷的视线。收视率最高的 NFL,2014 年的收入约 90 亿美元,总决赛"超级碗"被福布斯杂志估值 4.2 亿美元,比奥运会和足球世界杯价值总和还要高。

体育表演竞赛业带动了相关产业的发展,譬如电视转播、广告、体育用品和纪念品等,创造了巨大的商业价值。20 世纪 70 年代后,美国刮起了健身热,历经动荡和调整后,现已趋于稳定和成熟。国际健康及运动俱乐部协会统计数据显示:2016 年美国健身俱乐部行业年度总收入为 276 亿美元。就美国国民的消费结构而言,大众体育消费的最大开销就是休闲体育活动,其也是增长最快的项目。

2.英国休闲体育产业

英国是一个传统的体育大国,是现代户外体育的发源地,在世界体育休闲业中占有重要的地位。20 世纪 60 年代以来,英国休闲体育开始走向大众化,参与休闲体育的人数猛增,所占经济比例也大幅度提高,休闲体育产业化经营凸显。1996 年的调查显示:约 2500 万的英国人每月最少参加一次体育休闲活动,如步行、慢跑、游泳、健身、瑜伽、自行车、体能训练、足球和高尔夫球等是民众参与程度最高的项目。

英国休闲产业占整个 GDP 的 10%;与休闲体育相关的产值占整个 GDP 的 2%;政府每年在体育产业的税收为 55 亿英镑。在英国,人们有着深厚的体育运动传统和庞大的体育运动人群，约有60%的英国人参加某种形式的体育锻炼活动。英国人体育锻炼以参加各种体育俱乐部和协会为主，英国有3738处公共休闲体育中心。英国的健身运动带动了相关产业的发展，例如，英国休闲体育器材产业发展势头迅猛，提供体育休闲相关设备用品的企业数不胜数，基本以中小企业为主，其在提供多样化与个性化的体育器材的同时，创造了大量的就业岗位。2000年，英国民众对休闲体育产品的消费主要体现在以下几个方面：一是收费体育电视与杂志、书报的预订费用（27亿英镑）；二是体育服装和体育用鞋（25亿英镑）；三是体育相关博彩（23亿英镑）；四是其他体育商品（8亿英镑）和参与费用（6亿英镑）。体育休闲产业达115亿英镑，占英国家庭消费总额的2%以上。

英国的休闲体育竞赛不容小觑，足球超级联赛和温布尔登网球公开赛招引了世界各地的粉丝。每年有超过1300万的人到现场观看英超联赛，世界四大会所之一的德勤会计事务所，公布了2013~2014赛季各联赛的收入，英超以32.6亿英镑的收入傲视群雄，在欧洲足球联赛中独占鳌头，同时为英国的税收贡献了24亿英镑，创造了10万个以上的就业岗位。此外，英国的赛马博彩业也世界闻名，每年会开展各种赛事。据统计，2005年全英59个马场的总收入达3.87亿英镑，对国民经济的总体贡献为28.6亿英镑。2007年赛马彩票投注总额达160亿欧元，位居世界第二；全英赛马比赛奖金总额达1.34亿欧元。英国休闲体育竞赛业的发展拉动了相关产业的发展，例如，其促进了建筑行业的发展，2005年和竞马有关的建筑活动为就业岗位提供了2300个职位。

3.澳大利亚休闲体育产业

澳大利亚虽然人口稀少，但休闲体育产业却十分发达，其普及程度非常高，人们日常参与休闲体育活动已成自发行为。澳大利亚的休闲体育依托社会力量自行运作，是普及国民体育的重要特点。澳大利亚每年有2亿人参加各类休闲体育活动和比赛，志愿者义务承担了80%的工作，如组织群众体育活动、开展专门的技术辅导、场地设施建设与维修以及向社会集资等。就运动和休闲活动而言，澳大利亚民众每周平均花费15.7美元。

澳大利亚政府将体育视为支柱产业发展，建设了众多的体育设施，将体育和旅游、休闲结合起来，通过举办众多国际比赛，吸引了观光旅游和国外运动员到澳大利亚训练，从而促进了休闲体育产业的发展。澳大利亚统计局早在1995年就把体育与休闲相关产业纳入到产业增加值的统计范围，成为全世界最早单列休闲体育进行统计的国家，有助于政府相关政策的调整，更好地为民众服务。

澳大利亚曾作为英联邦国家,不仅沿袭了英国的一些传统项目,如赛马、赛狗、英式橄榄球和板球,还有自己独具特色的体育项目,如澳式足球、澳大利亚网球公开赛、环澳自行车赛、探险和野外徒步。据澳大利亚统计局调查,2005~2006 年有 710 万超过 15 岁的人最少参加了一项运动活动。澳大利亚有 110 个体育社会团体,5 万多各种体育俱乐部,截至 2009 年初,澳大利亚共拥有 2800 多家健身俱乐部,包括商业健身中心、酒店健身房、瑜伽馆及女性健身馆。健身人口达 256 万,约占总人口的 12.4%,在亚太地区占领先地位。澳大利亚休闲体育产业规模较大,澳大利亚体育联合会统计显示:2004~2005 年,澳大利亚休闲体育产业总产出达 85 亿美元,占 GDP 的 0.8%;2006 年休闲体育产业占 GDP 的 1%。

澳大利亚绝大部分人口居住在离海岸线 50 千米内的海岸带上,因此滨海休闲项目十分丰富,如岛礁旅游、冲浪、帆船和潜水等,吸引了包括本国在内的全世界大量游客。相关统计资料显示:2004 年澳大利亚居民用于体育活动的支出约 40.96 亿美元,约占 GDP 的 1%。澳大利亚体育赛事水平比较高,在国际上颇具影响力和吸引力,如橄榄球、板球、赛马、篮球和网球等。截至 2011 年,澳大利亚体育产业规模达 127.73 亿澳元,就业人口达 13.4 万,展现出较强的就业吸纳力。

(二)我国休闲体育产业发展概况

我国休闲体育产业的发展与经济发展息息相关,大抵经历了探索期、初步发展期和全面发展期三个阶段。

1.探索期(1979~1992 年)

1978 年,我国实行改革开放,经济得到初步发展,人民生活水平得到改善和提升,人们的视线开始聚焦到体育上。1984 年,许海峰在美国洛杉矶奥运会上获得新中国第一块奥运会金牌,激醒了深深扎根于民众心中崇尚体育的生命,特别是在中国女排摘得“三连冠”后,排球运动广泛“飞入”寻常百姓家。

我国彩电事业乘改革开放的东风得到迅猛的发展,电视机在老百姓生活中成为不可或缺的一部分。中央电视台对国外一些高水平联赛的转播,让人们体会到体育赛事所展现的休闲魅力以及激情的释放。日渐增多的体育迷促使我国体育竞赛表演业初露头角,国民关注各种体育赛事的热情高涨,积极投身于有限的休闲体育活动中。

西方国家流行的休闲娱乐体育进入中国,如交谊舞、霹雳舞和旱冰等。一些经济发达的大城市出现了体育场地租赁、体育健身指导和体育技能培训等服务，我国体育娱乐市场开始发展。[①] 20 世纪 80 年代，职工体育成为中国体育的一个闪光点，在人们的精神文化生活十分匮乏的情况下，政府和企事业单位积极组织职工开展丰富多彩的体育活动。人们在闲暇时间观看职工体育比赛成为当时主要的体育休闲方式，推进了我国休闲体育的发展。

在此时期，我国休闲体育产业正处于摸索的阶段。政府鼓励体育系统中有条件的事业单位发展多种经营、积极增收节支和扩大服务范围，并提出了体育场馆"以体为主，多种经营"和由事业型向经营型转变的方针。[②] 此外，各地体委借助体育场馆开设舞厅、健身房和台球室等。对体育用品市场来说，生产主体和种类较为单一，主要是一些国有企业生产的衣服鞋帽，价格便宜、质量不高、专业实用性较低。20 世纪 80 年代起，我国产生了一批体育企业，以生产销售体育用品为其主要经营业务。与此同时，一些专业运动员所使用的体育用品也开始出现在市场，但对普通老百姓而言，价格偏高，难以消费。

总而言之，此阶段参与休闲体育活动的人十分有限，民众参与休闲体育活动的欲望开始展现。由于休闲体育种类单一，休闲体育产品匮乏，加之休闲体育没有得到宣传和普及，导致民众参与的休闲活动较为简单和有限。整体来说，我国休闲体育产业的发展水平较低、发展速度较慢、发展规模较小。

2.初步发展期(1992~2000 年)

1992 年，邓小平的南方谈话确立了市场经济在社会主义体制中的地位。我国市场经济的运行机制中引进了体育体制，且不断深化改革。1993 年，在国家体委主任会会议上制定了《关于培育体育市场，加快体育产业化进程的意见》，提出了体育要"面向市场，走向市场，以产业化为方向"的发展思路。1995 年，国家体委颁布了《体育产业发展纲要》，体育产业有了明确的发展目标和类别划分。同年，国家体委颁布《全民健身计划纲要》，推动休闲体育的宣传和普及，促使体育管理由国家主导到社会化参与的转变，一些体育项目也陆续走向市场化。

我国社会生产力发展迅猛，人民生活水平和生活质量得到了大幅度的提升。1995 年我国开始实行五天工作制；1999 年开始实行"春节""五一"和"十一"长假制度。民众一年有约 1/3 的余暇时间，此时百姓如何度过余暇时间显得十分重要。社会和经济的发展，促使人们的生活方式和思想境

① 鲍明晓.体育产业[M].北京：人民体育出版社，2000.

② 鲍明晓.中国体育产业的形成与发展[J].北京体育师范学院学报，1999(4)：22.

界发生了改变,自发参与休闲体育活动且进行休闲体育消费越发成为人们休闲生活的一部分。据相关统计资料显示:1998 年我国足球甲 A 联赛门票收入达 1 亿元,各类联赛现场人数总计超过 580 万,其中男篮甲 A 联赛现场观众达 62 万,门票收入达 1401 万元;排球联赛现场观众超过 50 万,门票收入达 1200 万元。①

随着改革开放的不断深入,北上广深等一线城市的发展已初具现代化,体育娱乐市场的规模日渐扩大,体育彩票市场的发展势头不容小觑;体育用品市场也开始活跃起来,出现了众多体育用品生产企业;体育中介市场随着职业联赛的出现初见端倪。据统计,1998 年全国体育消费总额达 1400 亿元,可见我国体育产业发展态势之迅猛。②

此阶段,在相关政策的扶植下,我国休闲体育产业得到了快速发展。体育资源的配置由国家计划分配向市场化配置转变;各种体育市场开始初见规模,休闲体育产业的规模迅速扩大。

3.全面发展期(2000 年至今)

2000 年国家体委发布了《2001~2010 年体育改革与发展纲要》,提出体育产业发展“以体为本,全面发展”的指导方针。之后,我国开始进行产业结构调整,第三产业的比重开始增大,为休闲体育产业的发展创造了良好的空间。此阶段,休闲体育产业走上了市场化道路,其主体发生了明显的变化:国有体育企业逐渐变少,私营、外资和中外合资企业成为休闲体育产业的重要构成部分。休闲体育产业发展的规模持续扩大,大众休闲体育消费也持续增长。

2008 年北京奥运会的成功举办极大地促进了我国休闲体育的发展,使得我国休闲体育产业和国际相接轨,且拉动了休闲体育产业的大规模投资和休闲体育的消费。相关数据显示:2012 年我国体育产业总规模达 2595 亿元,占 GDP 的 0.5%,2015 年体育产业增加值约 4000 亿元。2014 年 10 月,国务院发布了《关于加快发展体育产业、促进体育消费的若干意见》,这是体育产业从体育系统内部转变成国家发展战略的关键一环,人们对体育产业的认识也提升了一大步。

(三)休闲体育产业划分

休闲体育之所以能够发展成为一种产业并被人们认可,与其自身带给人们身体和精神上的欢愉紧密相连。休闲体育产业为拉动国民经济增

---

①② 鲍明晓.体育产业[M].北京:人民体育出版社,2000.

长和相关产业的发展作出了重大贡献。发达国家对休闲体育产业的划分具有不同的标准，大部分西方国家的国民经济产业分类标准是以联合国1989年发布的《全部经济活动的国际标准产业分类索引》为参考制定的。以澳大利亚休闲体育产业划分为例，其包括五个主体产业和七个相关产业，具体如下。主体产业：有组织的体育；主动休闲活动；娱乐和被动休闲；博彩；体育与休闲服务。七个相关产业：体育建筑业；体育零售贸易；体育批发贸易；体育制造业；金融业；农业、畜牧业与渔业；相关文化服务业，如表6-1所示。

表6-1　澳大利亚体育与休闲产业统计框架中的产业分类

体育与休闲主体产业	1.有组织的体育	篮球/足球/网球/台球/棒球/高尔夫球/橄榄球联盟/个人项目
	2.主动休闲运动	有氧运动/健身运动/滑雪/游泳/跳水/划船/骑马/野营/其他主动休闲运动
	3.娱乐与被动休闲	娱乐公园/机动车运动/赛马/其他被动休闲活动
	4.博彩	游乐场/彩票/赌博
	5.体育与休闲服务	适应性体育与休闲活动/体育与休闲教育/运动医学和锻炼科学/其他体育与休闲俱乐部
体育与休闲相关产业	1.体育建筑业	体育与设施建设/运动馆建设
	2.体育零售贸易	自行车用品和设备零售/野营设备零售/钓鱼用品和设备零售/滑雪和滑水用品和设备零售/射击用品和设备零售/高尔夫用品和设备零售
	3.体育批发贸易	娱乐和博彩设备批发/其他体育与体育设备与服装批发
	4.体育制造业	冲浪板/野营设备制造/船及海上设备制造/娱乐和博彩设备制造/其他体育与休闲设备与服装制造
	5.金融业	体育与休闲保险
	6.农业、畜牧业与渔业	养牛
	7.相关文化服务业	文化服务产业

资料来源：曹可强.体育产业概论[M].上海：复旦大学出版社，2011.

20世纪90年代以来，美国著名经济学家埃尔菲·米克对美国体育产业的统计问题展开了充分研究。他对美国体育产业进行了操作层面的界定，把体育产业划分为以下几个种类：其一，体育娱乐与休闲：体育活动（如体育比赛、运动队），体育与休闲有关的活动，协会支出；其二，体育产品与服务：如体育产品的设计、试验、制造，运动设备、服装与运动器材的分布；其三,体育组织:如体育联盟、公司以及营销组织等。随着我国文化产业的发展,以及休闲体育产业在国民经济中比重的凸显,我国休闲体育产业日渐受到学者的青睐。由于统计需要,2003 年 5 月 20 日在国家统计局实行的《三次产业划分规定》中体育产业被划分到第三产业即服务业,体育产业包括体育组织、体育场馆和其他体育三个种类,体育产业、文化和娱乐业共同组成了文化、体育和娱乐业。

此标准较大程度地适应了已有行业和新生行业的发展与演变,但就新兴产业而言,具有划分的缺陷。例如,将保龄球、台球、高尔夫、跑马和滑雪等项目列为娱乐业一栏,存在着争议。新兴产业在体育业中发挥着重要作用,随着市场需求多样化的发展,更多的休闲体育项目将涌现,而这样的划分标准则不利于今后休闲体育产业的发展。通过对国内外休闲体育产业的研究以及 2008 年国家体育总局和国家统计局关于《体育及相关产业分类(试行)》的具体内容的借鉴。休闲体育产业的界定如下:休闲体育产业是指为满足消费者的休闲需求,向社会公众提供的与休闲体育活动相关的一切产品、服务以及与这些活动相关联的产业的集合。主体生产部门提供了有形休闲体育物质产品,而相关领域提供了无形服务。休闲体育产业分为主体产业和相关产业,其中,休闲体育主体产业指以开发休闲体育服务(或劳务)价值功能的经济活动的企业集合或系统,休闲体育相关产业则指为休闲体育活动提供生产要素或以休闲体育自身价值功能为载体向社会提供服务的经济活动企业集合或系统。

二、休闲体育企业经营与管理

管理是人类的一项重要活动,其体现在日常生活和生产的各个方面。弗雷德里克·温斯洛·泰勒的《科学管理原理》标志着管理新时代的到来;法约尔的《工业管理和一般管理》是一部划时代的著作,第一次明确提出了管理的概念。

休闲体育产业囊括了形形色色的企业,他们提供的各种休闲体育产品构成了休闲体育市场的供应方,庞大且喜好不同的休闲体育消费者构成了休闲体育市场的需求方,两者共同构成了休闲体育这个巨大的市场。休闲体育企业和休闲体育产业的发展息息相关,其在休闲体育产业中的作用不容小觑。休闲体育企业的可持续发展受其经营好坏的直接影响,经营状况决定了休闲体育企业的竞争力及产品和服务的质量,可见,企业的科学化管理十分重要。

（一）休闲体育企业管理原则

休闲体育企业众多，其规模、经营模式和组织结构具有明显的差异。休闲体育企业的根本目的是通过各种产品和服务获得最终利润，而利润的多少与管理紧密相连。以下是休闲体育企业管理需遵循的原则。

1.建立现代化企业管理制度原则

现代企业的管理制度是指在现代市场经济条件下，以规范和完善的法人制度为主体，以有限责任制度为核心，以股份有限公司为重点的产权清晰、权责明确、政企分开、管理科学的一种新型的企业制度。市场经济是买卖双方在自愿有偿的基础上进行的交易，可以实现双赢。市场经济中有一只看不见的手在指挥，资源通过市场的流通，会逐渐达到一个优化的比例，使物尽其用、货尽其通、人尽其才。企业想要可持续发展，想要获得利润，就要遵循市场规律；企业在谋求利益时，还要统筹社会责任，应站在市场的角度，满足市场的需求。公司所有权和经营权分开，有利于将责任划分到具体部门；有利于维护财产所有者的权利；有利于职业管理者在制度范围内，在担负相应责任的基础上独立把握公司各种资源，为企业赢得收益。休闲体育企业最终的目的是获得利润，在公司运作的过程中，确保政企分开，通过最大限度地减少行政成本，提高整个经营效率。现代企业制度一个重要的方法和手段是科学化管理，企业应以发展的眼光，博大的气度对待先进技术，在对企业进行管理的过程中，引进社会科学和自然科学的相关先进理念和技术，促使企业经营处于可控的状态。

2.一般管理与区别管理相结合的原则

休闲体育企业种类繁多，具有截然不同的发展模式，企业在具体管理的同时，应遵从一般管理的共性规律，在休闲体育企业的实际情况下建立吻合的管理制度。就组织结构而言，休闲体育企业要将一切确定和不确定因素考虑在内，以顺应市场的需求。

许多休闲体育产品都是从国外引入的，而休闲体育企业的管理方法大部分也是从国外流入的。休闲体育企业在管理中应注意“引入和吸收”的问题，解决好因地域而造成的冲突，若只一味照搬国外企业的管理方法，可能会得到背道而驰的结果，不能使管理效果的最优化发挥出来。如欧美的户外休闲徒步运动受到国内很多人的青睐，国外的参与者大都具备远足登山知识和专业登山装备，通过专业化户外登山公司有效的组织管理、策划、顾问服务，促使此运动在国外的规范程度和安全性较高。作为新引进的项目，相对来说，国内户外拓展公司还处于刚起步的发展阶段，没有掌握系统科学的管理方法，加之经验的不足，导致参与者出现失踪、坠崖、遇山洪等各种意外事故，给园区管理、消防营救等部门也造成了不必要的负担。参与者和户外运动公司都应为自己的行为负责。为了避免此类事故的发生，首先，远足爱好者应慎重选择专业户外公司，在其辅助下进行户外运动；其次，户外拓展公司应注重和加强本公司户外运动组织管理的专业性和规范性，既要注重员工的专业性和知识技能，还应定期对参与者进行体能和技能培训；最后，户外拓展公司应熟知当地的地形地貌、气候环境，依照实际情况设计出合理的路线，制定意外处置应急预案和突发情况的撤离路线，同时与当地有关营救部门保持沟通联系，借助这些合理规范的管理措施，降低突发事故的危险程度。

就宏观层面而言，一般管理原则适用于绝大部分的休闲体育企业；具体来说，休闲体育企业众多，其所处的市场运行环境、企业自身状况等皆不同，因此，具体的管理方法和手段要视具体情况而定。

3.以人为本、重视人才培养的管理原则

休闲体育企业发展的核心动力和内在要求是以人为本，将人放在首要位置，以实现人的全面发展为目标。休闲体育企业所提供的产品和服务最终要流向特定的人群，人是产品和服务的主体。故而，企业在产品设计、开发、生产及服务过程乃至最后的销售和售后服务环节都必须站在以人为本、人性化的根本原则的角度上，真正将顾客摆在第一位，满足顾客的需求。只有具备了一定的客源，企业才能获得一定的生存空间，抢占到市场份额，从而赢得商机。

企业的终极目标和社会责任彰显着以人为本的理念。企业只有提供了最好的产品和服务，才会得到消费者的认可，才能在激烈的市场竞争中存活下来。企业的终极目标是社会责任，优秀的企业能够提供就业岗位，给社会贡献税收利益；企业的利润最终会变成投资和消费回流到市场中，企业所创造的财富最终也会使国家和社会受益。

休闲体育企业提供的产品、服务和质量水平的高低不仅仅是其内在制度和外在竞争力的体现，更重要的是企业员工价值作用的发挥。企业应该重视员工的整体素质，重视对员工的培训工作，因为企业之间的竞争归根结底就是人才的竞争。

4.计划管理与市场导向相结合的管理原则

任何企业都要遵循计划管理和市场导向相结合的管理原则，休闲体育企业也不例外。计划具有量化属性和时间属性，量化属性指生产多少产品，完成多少销售额和利润或是占有多少市场份额；时间属性指制定计划时间的长短，即长期、中期、短期计划。任何企业都有自己的目标，而目标的达成需要计划的辅助，计划需贯穿企业整个生产流程和销售过程，便于企业依据计划方案井然有序地开展工作。

市场的更新速度极快，休闲体育企业需紧跟市场的脚步，及时调整或更换计划，以便顺应市场发展的需要，从而在激烈残酷的竞争中占有一席之地。企业在实际的运作管理中，需正确处理好计划和市场调节的关系，拒绝死板、机械地完全依计划行事，避免企业陷入教条主义和僵化之中。在面对市场变化时，休闲体育企业需对其计划进行局部性的微调，就某些极端和突发情况而言，需进行全局性的调整，也就是经济学中所谓的随机行走。譬如，沿海某休闲体育用品外贸公司，加工生产欧美市场的户外服装是其主要业务，整个年度生产计划的实施遵循订单的数量，即以销定产。该公司通常在年初 3 月份制定计划，但往往会在年中突然接到国外服装市场的一些额外订单，因为原材料和人员等方面存在缺口，导致额外的订单无法完成。因此，企业得知市场变化信息后，加强了对商业信息的收集，并聘请了专业的市场预测顾问公司，对市场走势进行正确的研判，同时大力地增加了设备和原材料的采购，致使第二年企业的市场占有率和利润大幅度提高。2008 年受金融危机的影响，全球贸易量下降，企业审时度势缩减生产规模和员工数量，同时将眼光转移到国内市场且得到快速拓展，研发了一些适合中国人消费的中低价位户外服装。该休闲户外服装企业以敏锐的眼光和经营战略实时应对市场变化，经过几年的发展成功转型成为国内较知名的户外服装生产商。

（二）休闲体育企业管理方法

休闲体育企业管理方法是企业管理原则的实际运用，休闲体育企业在企业管理中既要正确运用管理方法，还要根据具体情况具体地选择合理有效的管理方法，以下是休闲体育企业常用而重要的管理方法。

1. 目标管理方法

企业根据预先设定的目标进行企业管理的方法是目标管理法，企业目标按时间划分为当前目标、短期目标、中期目标和长期目标。休闲体育企业应科学正确地树立适合自己企业的目标，企业科学合理的目标是指其设定的目标应与企业的长远利益和企业的经营理念相协调，制定的各项指标应符合实际，切实可行。设定的目标过高或过低，都不利于企业的可持续发展；总目标一般由高层管理者制定，具体分目标由各级管理者依据部门实际情况制定。休闲体育企业各部门员工应在部门分目标的基础上设定部门管理办法，有助于各部门员工分工完成分目标，而分目标的达成有利于总目标的实现，各部门在完成具体的目标后，企业总目标的完成才有了可能性。各级部门管理者根据各部门分目标完成状况来考核和评估员工工作成绩，而员工的奖惩取决于考核结果，一旦各部门没有了分目标，员工就会懈怠、懒散起来，还会引起部门之间和各工序之间的冲突。目标管理法通过自上而下制定目标，从而在企业内部建立起系统的目标构架，将企业各部门有机地结合起来。企业总目标与每个员工的具体工作存在着直接或间接的联系，这便于员工设定自己的工作目标，明确其工作的重要性。由此，员工的力量得到高效凝聚，继而提高企业的工作效率和生产效率。

目标管理法是一种优越的管理方法。企业依托部门把目标任务落实到每一位员工身上，促使企业员工在目标的指引下有效完成工作任务。

2.标准化管理的方法

在企业高级管理层的领导下，在国家行业标准化规定和企业总体经营发展目标的前提下，企业对各部门和环节实行标准化管理，这是标准化管理法。标准化管理有利于规范企业的行为，促使企业的产品质量和生产程序向标准化程度转变，从而实现企业的经营目标。

技术标准、管理标准和工作标准构成了休闲体育企业标准化管理体系。休闲体育企业技术标准化的管理就是所谓的技术标准，企业的产品富有一定的技术含量，这要求企业确立统一的技术标准，从而准确把握各技术标准的具体要求，技术标准化是宏观管理目标实现的前提。

休闲体育企业标准化管理的具体落实就是管理标准。企业通过实时实地的考察和分析，制定出契合本企业的管理标准，企业应保证管理标准切实贯彻到各部门和各环节中，同时在管理标准的基础上对员工进行考核和评估。

休闲体育企业标准化对各部门或各工作环节的工作量、工作规范、工作周期以及考评做出的要求规定就是工作标准。工作管理标准化的实行有助于进一步明确员工的工作标准内容；有助于企业借助工作标准的实施情况对员工进行严格考核。管理标准化是休闲体育企业实现工作程序和工作量的统一和简化的依据。

综上所述，休闲体育企业构建和完善自身的综合标准体系相当有必要且十分的重要，其是企业管理的一项基础性工作，企业在标准化管理的作用下可以获得最佳的目标效果。

3.系统管理的方法

伴随休闲体育企业规模的壮大,企业的组织结构也越发浩大,系统管理方法可以有效地解决繁杂而庞大的企业效率问题。系统管理法是指将企业所有部门和工作环节视为一个整体系统,而各事务仅仅是整个系统的局部环节。休闲体育企业的管理者应以系统的理念管理各种事务,在整体与部分、整体与外部环境、部分与部分之间的相互作用和制约的关系中寻找规律,在规律的指引下探寻最佳处理问题的方法。系统管理法是一种从宏观层面出发,统筹全局、将整体和部分辩证地统一起来的科学管理方法。

休闲体育企业在明确自身需求的同时,设定系统的优化目标管理,借助信息处理技术和系统管理方法将整个系统分成若干不同的层次结构,使部分的功能和目标服从整个系统总体的目标,从而使企业的管理达到整体最优目标。

(三)休闲体育企业市场营销

随着休闲体育企业标准化管理带来的高效率生产,企业面临着产品如何快速有效地流入目标消费群体的问题。美国市场营销协会对市场营销做了以下定义:市场营销是对思想、产品及劳务进行设计、定价、促销及分销的计划和实施的过程,从而产生满足个人和组织目标的交换。依据此定义,推导出休闲体育企业市场营销的含义,即休闲体育企业通过对其产品进行设计和定价,在休闲体育消费市场的交易作用下,使休闲体育消费者的需求得到满足。

以经济全球化和市场经济为时代背景,休闲体育企业面临着激烈的市场竞争和创新变革,急需市场营销的助力。市场营销可以改变企业的生产环节和销售模式,同时也深刻地改变着消费者的消费行为。

1.休闲体育消费行为

美国市场营销学会将消费者行为定义为:“感知、认知、行为,以及环境因素的动态互动过程,是人类在履行生活中交易职能的行为基础。”这在一定义上体现了“消费者行为处于动态,消费者行为具有互动性,消费者过程涉及交易行为”三层含义。休闲体育营销应着重把握消费者的消费行为,因为消费行为就是对获取、使用、处置所购买的休闲体育产品和服务所采取的各种行为,其中包含了消费者的消费决策过程。企业既要明白消费者怎样获取产品和服务,还要掌握消费者的整个消费心理过程,也就是消费体验、使用感受和对产品的最终评价。休闲体育消费者的决策和企业的市场占有率受消费者的消费评价影响。休闲体育产品能赋予消费者健康的身体或带来愉悦的心情,因此消费者对消费体验过程十分的看重。休闲体育消费者为了获得良好的体验而购买产品或服务,可见,体验效果是产品设计至营销的焦点所在。总之,休闲体育产品侧重对消费者的心理体验,反过来,因消费者的心理体验而引起的消费行为也对休闲企业发挥着举足轻重的作用。

休闲体育消费者的消费行为受文化与宗教、社会、消费者个人及心理的显著影响。

文化与宗教因素对消费者行为的影响十分显著。“文化是一个民族生产方式长期沉淀而成的有形的物质形式与无形的精神形式的总和。”文化是一个社会或国家大部分人的价值观和行为模式的彰显,也影响着人们的需求和消费行为。文化差异会造成消费者行为的不同,会引起休闲体育消费者的消费决策。譬如,中国文化受儒家、道家和佛教思想的长期熏陶,致使中国人具有内敛而不张扬的性格,中国消费者以平静、舒缓和益智型休闲体育运动为主,具体项目有武术、气功、垂钓和棋牌等。西方文化强调个人价值以及人与自然的对立关系,使西方人形成了个性张扬、喜欢冒险、追求刺激的性格,西方消费者以动态、剧烈的项目为主,如拳击、击剑、摔跤和户外极限运动。中西休闲体育消费者不同的消费行为,受消费主体对休闲消费项目选择的影响。

相关群体和消费者的社会角色及地位构成了社会因素。社会因素具有示范性和仿效性作用,相关群体的示范性消费行为会导致群体的从众效应,从而产生仿效性消费,最终造成消费者的消费趋同行为。伴随社会经济的发展及家庭成员教育水平的提高,家庭在消费者行为中扮演了十分重要的角色。家庭成员在购买共同使用休闲体育的产品或家庭成员参与到购买过程的消费行为时,消费者最终的消费决策极可能是家庭成员互相妥协共同商议的结果。个人社会角色和地位的不同,会导致消费行为的不同,如公司白领和工厂工人具有显著不同的休闲体育消费选择。白领选择的休闲体育项目,体验性强、具有社交功能、是社会地位的体现,同时消费支付能力较强,而工人选择的休闲体育项目,消费支付能力相对较低,主要是自娱自乐。

消费者个人的性别、生活方式、经济水平和偏好会影响消费者行为。譬如,高尔夫球运动是消费者经济水平与身份地位的彰显,我国的高尔夫球运动以会员制形式为主,经济水平达不到一定的高度很难参与该项目。消费行为不同程度地受到消费主体性别、生活方式和个人喜好的影响。例如,男性较喜欢健美、篮球、足球和拳击等运动;女性侧重瑜伽、普拉提等项目。

消费者的信念和态度会影响消费者的购买行为。信念指消费者对某件事物固有的认识，当提到“红牛”时，人们会不由自主地将其与运动联想到一起，而提到运动型饮料时，人们也会想到“红牛”。态度指消费者对某些事物长期持有的好与坏的评价、感受和由此导致的行动倾向。[①] 比如，某些消费者总认为国外的某些休闲体育产品要比国产的质量好，然而国产品牌的某些产品质量并不比国外差。

2.休闲体育4P营销策略

4P指的是由产品、价格、渠道和促销构成的市场营销策略。市场营销策略以消费者的需求为出发点，通过销售获得企业生存发展所需要的利润是其目的。

(1)产品策略。

休闲体育产品设计是健身娱乐和体验参与的结合体，应保证其满足市场的需求，满足大众的需求。休闲体育产品设计需将产品的整体性考虑在内，也就是核心产品、形式产品和附加产品的设计。“核心产品是指消费者购买该种产品时所追求的基本效用和利益，是消费者真正想要的东西，在产品的整体概念中是最基本、最主要的部分。”[②]为消费者提供的实体产品是休闲体育核心产品的载体和具体表现形式。“附加产品是指顾客购买有形产品时所获得的全部附加服务和利益，包括提供信贷、分期付款方式、包装、送货、安装、售后服务等。”比如，很多高尔夫球生产商会提供精巧别致的球具包，会赠送一些纪念品，偶尔还会推出一些著名选手签名的限量球具，增加了产品附加值，具有一定的收藏价值。

休闲体育产品想要在激烈的市场竞争中占有一席之位，就必须树立品牌形象，就体育品牌来讲，培育品牌竞争力是打响企业产品知名度的依托点。建构产品的良好品质和独特性是打造休闲体育品牌的第一步，这样有利于产品占领目标消费市场，获得知名度和美誉度。

“企业通过市场状况、自身资源条件和竞争态势对产品组合的宽度、广度、深度和关联度进行不同的组合就是产品组合策略。其主要包括产品项目的增加、调整或剔除，产品线的增加、延伸和淘汰，以及产品线之间关联度的加强和简化等。”[③]休闲体育企业所提供的产品和服务即是综合产品组

①② 郭庆国.现代市场营销学[M].北京:清华大学出版社,2008.

③ 姜真.现代企业管理[M].北京:清华大学出版社,2007.

合,休闲体育企业产品的宽度、广度、深度和关联度的有机组合可以产生良好的经济效益,也可以满足不同休闲体育消费者的需求。

休闲体育产品的生命周期指产品从投入市场到更新换代和退出市场所经历的全过程,是产品在市场运动中的经济寿命。产品需经过研发、试销才能投入市场,一般分为导入、成长、成熟、饱和和衰退五个阶段。

(2)价格策略。

休闲体育企业的产品和服务最终以价格的形式进行出售。价格策略在营销组合策略中发挥着至关重要的作用,它既决定了市场的供给和需求,也影响着企业利润的多寡和竞争力的强弱。产品成本、市场需求、竞争状况、消费者心理及政策法规等都可以对价格造成影响,对这些影响因素的正确认识,有助于休闲体育企业对自身产品做出科学合理的定价。

成本导向定价法、竞争导向定价法、需求导向定价法是三种定价方法。成本导向定价法是一种最简单的定价方法,即以产品的成本为中心,制定对企业最有利的价格的一种定价方法,其包括利润导向定价和政府控制定价。竞争导向定价法是以市场上相互竞争的同类商品价格为定价基本依据,以随竞争状况的变化确定和调整价格水平为特征。需求导向定价法是企业在定价时不再以成本为基础,而是以消费者对产品价值的理解和需求强度为依据。

(3)渠道策略。

休闲体育企业生产出来的产品通常不会直接销售给消费者,而是借助一定的销售渠道流入消费者手中。“休闲体育产品的销售群体主要包括制造商、经销商、批发商、零售商以及体育市场的推广机构与消费者。这一通道可直接可间接,可长可短,视企业的自身情况和具体商品等多种因素而定。”[①]休闲体育产品的销售渠道有直接渠道和间接渠道之分。休闲体育产品生产者直接把产品销售给最终消费者的分销渠道就是直接渠道,基本模式是生产者—消费者,直接渠道省略了中间环节,节省了流通费用;产品直接到达消费者手中,有助于生产者实时了解消费者的市场需求变化,便于企业及时调整产品结构,做出相应的决策。接受用户订货、设店销售、上门推销、电子手段销售等是直接渠道的具体销售形式。休闲体育产品生产者通过流通领域的中间环节把产品出售给消费者的渠道就是间接渠道,基本模式是生产者—中间商—消费者。间接渠道是社会分工的结果,专业化分工降低了产品销售工作的复杂程度;中间商的介入,分摊了生产者的经营风

① 马清梅.市场营销学[M].北京:清华大学出版社,2007.

险；通过中间环节，产品销售的覆盖面得以扩大，促使产品市场的占有率提高。然而，中间环节太多，会加大商品的经营成本。

休闲体育企业首先要确定销售渠道；其次协调和支配渠道的成员，选用适宜的方法鼓舞中间商且妥善处理与他们之间的关系，同时评估渠道成员的工作业绩；最后妥当调整渠道成员。休闲体育企业选定中间商后，需要选用不同的办法对中间商进行鼓励，促使企业与中间商形成良性互动关系，建立荣辱与共的长期合作关系，从而达到整体利益的最大化；企业之所以这样做是为了实现既定的营销目标、激发中间商的积极性、加强中间商与自己的合作。为中间商提供较为成熟的商业模式，提高分销利润，给予促销支持，定期提供免费商业培训以及提供融资和信息支持等是休闲体育企业激励中间商的手段。

休闲体育生产商借助系统化、科学化的手段和措施对渠道成员的履约情况、经营水平等进行客观考核和评价，有助于鼓舞开拓进取的中间商，敦促业绩落后的中间商。渠道成员的管理水平及信用度、销售额和销售增长率、库存水平、对顾客的服务质量、促销活动等皆可以是企业评估渠道成员的内容。依据综合评估的结果，休闲体育生产商可以得到市场反馈信息，了解到相关经营中的问题，便于及时调整和改进相关程序，增减分销渠道的数量与种类，从而保持企业和销售渠道的市场竞争力。

（4）促销策略。

“休闲体育企业不仅要开发和生产市场需要的产品，制定有吸引力的价格，通过适当的销售渠道使得目标顾客获得产品，还要使企业与中间商、消费者之间保持良好的接触。这要求企业选择适当的促销手段与方式，如广告、销售促进、推销与公共关系等各种促销组合方式。”①营销者向消费者传递有关本企业及产品的各种信息，说服或吸引消费者购买其产品，以达到扩大销售量的目的，这也是促销策略。

人员推销、广告、公共关系和营业推广是促销的四种基本方式。每种方式都有其特定的优缺点，如表6-2所示。

表6-2　促销的基本方式和优缺点

促销方式	优点	缺点
人员推销	直接沟通信息，及时反馈，可当面促成交易	需要人员较多，成本高，接触面窄

① 郭庆国.现代市场营销学[M].北京：清华大学出版社，2008.

续表

促销方式	优点	缺点
广告	传播面广,形象生动,节省人力	只能针对一般消费者,难以立即促成交易
公共关系	影响面广,信任度高,可提高企业知名度	花费力气大,效果难以控制
营业推广	吸引力大,可激发购买欲望,可促成立即购买	接触面窄,有局限性,有时会降低商品的心理价值

资料来源:李小红.市场营销学[M].北京:中国财政经济出版社,2006.

休闲体育企业依据自身情况可以挑选不同种类的促销组合,从而实现促销的最佳效果。促销组合策略一般有推式策略和拉式策略两种,推式策略以人员推销和营业推广为主,中间商接纳产品的生产企业,产品通过中间商走向市场。推式策略中的促销信息和产品流向具有一致性,对于目标市场较集中、流通环节较少、流通渠道较短的产品来说比较适合。拉式策略指休闲体育企业利用广告、公共关系和营业推广等促销方式,以最终消费者为主要促销对象,设法激发消费者对产品的兴趣和需求,促使消费者向中间商、中间商向制造商企业购买该产品。对于目标市场需求量大且相对分散、流通环节较多、流通渠道较长的产品来说,比较适合。

无论休闲体育企业选用何种策略,要想最终达到上乘的效果,企业营销策略必须与企业产品自身特点相符合,满足消费者需求和喜好,适应行业特性。休闲体育消费者不同的购买动机引起了不同的购买行为,所以企业面对不同类型产品时,应采用与之相适应的促销方式。譬如,在小区门口可以由专门人员进行酸奶促销;在超市门口可以做甜点饮料的促销广告。

第七章　休闲体育理论的继续发展与思考

随着社会结构、生活结构以及生存方式的变革,休闲成为人类生活的重要组成部分。经济发展和国家相关政策的出台,为休闲体育的发展创造了良好的条件;同时,国际环境和国内环境也为休闲体育产业的发展带来了严峻的考验。

第一节　休闲体育健身的未来发展趋势与挑战

一、休闲体育产业兴起的时代背景

我国休闲活动发展的一个转折点是20世纪90年代中期,有关体育健身、娱乐和旅游的人数大幅度增长,每年增长速度几乎达20%。全面建设小康社会引起的经济增长,城乡居民消费需求的扩张以及消费结构日益向娱乐休闲的转变,显示出休闲体育产业将在小康社会的整体产业结构中占据主导地位。

"建设健康中国"是"十三五"规划纲要提出的发展目标。健康中国的建设有利于增强人民的体质、提高人民的生活质量,为经济转型升级打开了一扇崭新的大门,同时也为休闲体育的发展带来了机遇与挑战。

(一)观念的转变是休闲体育发展的先决条件

我国进入小康社会后,人们的生活观念发生了翻天覆地的转变,"生产—休息—生产"变更为"生产—休闲—娱乐",人们有了新理念和新追求。现代社会的激烈竞争和快节奏、高效率的生活方式,给人们带来了各种压力,引发了一系列健康问题,社会上亚健康人群的比率呈逐步上升态势,各种生理、心理的不适应症大量涌现。相关研究显示,目前社会上出现的亚健康人群大部分缺乏运动,多多少少患上了"运动缺乏综合征"。休闲体育产业的出现是遏制社会“运动缺乏综合征”的一剂良药，是建立健康生活的一种促成方式。而当前，我国正从“劳动生活型经济”向“闲暇生活经济”转变，“花钱买运动，花钱买健康”、享受生活成为每个人的新追求，是社会时尚的风向标。新的健康观的形成必然会引发新的消费观的产生，人们在追求丰富的物质生活的过程中映现着各种各样的形态。

（二）闲暇时间为休闲体育的发展提供了保证

闲暇时间是休闲体育发展的基础条件。人类的发展史证明，生产力的每一次提高都大大增加了人们的闲暇时间。伴随社会服务系统的越发完善，人工家务劳动被家庭电气化、自动化的工具所取代，人们从家务劳动中释放出来。知识经济时代的到来和生产力的巨大进步，为人们的休闲体育活动提供了更多的时间保证。我国从 1995 年起，开始实行每周 5 天工作制，加之“十一”长假和春节长假的推行以及完善的带薪休假制度等，皆是充盈的闲暇时间的制度保障，同时也为我国休闲体育的发展开辟了良好空间。

（三）我国正步入人口老龄化社会，老年健身人群和需求增加

联合国人口组织统计标准：“通常一个国家 60 岁以上的老龄人口总数达到全国人口总数的 10%以上，或者 65 岁以上人口达到或超过总人口数的 7%时，人口即称为‘老年型’人口，这样的社会称之为‘老龄社会’。”

2000 年，我国宣布进入高龄化社会，预计至 2020 年，我国将进入典型的高龄化社会。高龄人口数量的增长意味着高龄老人特有的各种物质总需求在增长，老年人口比例的提高对全国总需求结构的变化产生着影响。我国作为体育人口中比率最高的老年人口大国，健身需求是客观存在的。当前，我国 60 岁以上的退休人口已超过 1 亿人，“老来无病即是福”、保持健康是所有高龄老人的共同心愿。老年人进行体育锻炼可以获得回归社会的平衡感，有利于提高身体素质。随着我国健康体育产业的多功能发展，未来将成为高龄老人社会服务体系中的重要力量。

二、我国休闲体育发展存在的矛盾

我国体育和休闲体育具有相辅相成的关系，近年来，我国休闲体育的快速发展加速了当代中国体育发展的进程，推进了我国体育向大众层面的渗透和辐射。休闲体育的发展彰显了体育生活化的个性；同时，在促进体育大

众化和社会化发展的进程中,也存在着各种各样的问题和矛盾。总的来说,我国休闲体育的发展存在以下矛盾。

(一)快速发展的时代需求和群众休闲体育消费不足的矛盾

经济是推动休闲体育发展的动力,为休闲体育的发展提供了资金保障。在“双休日”“国庆和春节”以及民族传统节日的助推下,休闲体育的消费热越发凸显。此外,各种休闲体育场所的修建及相关服务机构的设立,满足了人们闲暇运动的享受,体育旅游逐渐成为人们新的消费热点。就产业门类而言,休闲体育所引发的相关经济活动属于第三产业门类。

人们对参与市场消费的看法和态度即是消费观念,而人们对休闲体育市场的认可和参与度的反映就是所谓的休闲体育消费观念,它直接支配了人们进行休闲体育消费的行为,对人们的休闲文化价值取向产生着影响。发达国家优越的社会经济条件,促成人们可自由支配的收入相对富足,对休闲体育活动的认识已上升到提高生活质量的层面上,休闲体育消费在社会经济中扮演了举足轻重的角色,成为不容小觑的产业部门。我国自改革开放以来,经济虽然得到了突飞猛进的发展,经济总量在世界排名中快速提升,但人均收入依然落后于发达国家,国人可供自由支配的收入还有很大的提升空间,包括休闲体育在内的消费意识和水平不足。

(二)大众共享、关注民生的时代要求和地域、城乡发展失衡的矛盾

社会诸要素皆和谐、可持续发展是“和谐社会”的目标,公平正义是和谐社会的基本特征,是人类追求美好社会的永恒主题,而大众共享与关注民生是当今时代的要求。就体育而言,体育资源在各个地区、社会各个层面以及体育的各个领域内的合理配置是其和谐发展的重要内容及措施。和谐发展要求休闲体育资源的合理配置必须最大限度地实现公平公正。我国经济发展水平的相对低下,导致体育资源在配置过程中的不合理和比例失衡。城重乡轻,体育资源大部分集中在大、中城市;东多西少,受经济发展的制约,西部地区体育的发展较之东部地区相对落后;大小休闲体育场馆失衡,用于比赛的大型体育场馆所占比例较大,而便于开展休闲体育活动的中小型场馆所占比重较低。我国区域间休闲体育发展之所以会出现如此大的差异,其根源就是我国休闲体育发展的不协调。体育是我国的公益性事业,体育资源的失衡背离了“大众共享”“体育为人人”的时代要求,在一定程度上,不利于利益均衡和权利公平的和谐社会的建设。

（三）个体休闲活动的意义和社会主流文化冲突的矛盾

肯定体育以人为核心是现代体育的理念，其强调在倡导人的意志自由和个性解放中开展体育运动，从而促进人的身与心的全面发展。个体健身活动是彰显体育理念的实践基础，而休闲体育是个体健身活动的典型代表。体育运动的基础是个体健身活动，群众性的个体健身活动是实现体育功能与价值的主要通道。人们借助个体健身运动，尽情施展生命体的智能和技巧，在促进个体身心发展的同时，也为推动人类发展和社会进步注入了活力，是人的个性解放、自由发展和人生价值实现的生长点。健身活动在受到个体支配的同时，也会受到社会文化氛围的影响和制约，其应有的意义和价值在实际的社会文化氛围中总会发生一定的偏离或扭曲。而作为个体健身活动的典型代表——休闲体育，不得不承受着社会政治文化氛围的熏陶和限制。如今，世界各国视体育运动为弘扬民族文化和“爱国主义精神”的一种表现方式，在此导向的作用下，个体健身的价值取向发生了转变，传统思想认为休闲和运动不是所谓的“正事”。随着经济的快速发展和社会的进步，休闲已日益演变为人的一项基本权益，对社会的现实意义也越发显著。但这种改变依然无法撼动个体休闲活动根深蒂固的思想，与社会的主流文化多多少少存在着价值方面的冲突。

（四）巨大的人才需求空间和休闲体育专门人才相对匮乏的矛盾

在经济发展的助推下，人们花费在运动休闲的时间明显增多，为休闲经济开辟了崭新的发展空间。相关体育设施的修建、各种运动场馆和健身俱乐部的出现，推动了运动休闲的消费，也提供了更多的就业岗位。伴随人们对休闲体育需求的持续增加，带动了与之相应的休闲体育服务业的发展，这要求更多的与项目相关的休闲体育指导员以及专业的经营人才的助力。即便很多体育院校开设了社会体育专业，但市场反馈显示，他们没有被社会加以利用，许多社会体育专业的毕业生并没有投身于社会体育的发展事业中，就当前状况来看，为群众体育的发展量身定制的社会体育专业的培养模式值得斟酌。

休闲体育要想得到进一步的发展，需要休闲体育项目指导员、专业的管理经营人才以及各种休闲体育的研究人才。社会体育指导员是休闲体育的直接参与人员，必不可少；在经营管理人才的打造下，休闲体育产业将更加专业化、大众化和庞大化，既为就业岗位提供了可能性，也有助于缓解休闲体育的“贵族化”；借助休闲体育研究人员的研究成果，人们的休闲体育活动形式得到丰富，有利于提升人们的生活品位和生活质量。

三、“十三五”时期我国休闲体育发展面临的机遇和挑战

（一）“十三五”时期我国休闲体育发展面临的机遇

在我国经济持续发展的作用下，居民生活水平和生活质量得到提高，健康成为生活质量的第一要素。体育锻炼和人们的生活密切相关，“花钱买运动，花钱买健康”成为新的社会潮流，休闲体育货币支出的消费日渐成为一种普遍态势。相关资料显示：“截至2001年底中国13亿人口中，经常参加体育活动的人数占总人口的比例由1996年的31%增加到34%。”体育休闲产业作为第三产业的一个重要组成部分，具有强大的潜力。以下是其主要原因。

1.全面建成小康社会为休闲体育提供了发展契机

“建设健康中国”是“十三五”规划纲要提出的发展目标，体现了党和政府对提高人民健康水平的高度重视。人民群众的身心健康是全面建成小康社会的根本前提，“健康中国”的建设在全面建成小康社会中扮演了不容小觑的角色，是小康社会全面建成的题中之意。休闲体育以独具特色的形式、内容和功能在健康中国建设中发挥着举足轻重的作用，是实现中华民族伟大复兴中国梦的健康基础。

2.经济持续快速发展为休闲体育发展奠定了物质基础

人民群众精神文化需求和经济社会发展之间具有规律性联系，经济社会的发展势必会引起与之对应的精神文化需求的增长。改革开放以来，人民群众精神文化需求的持续快速增长就是这一关联性的体现。国家统计局发布的《2015年国民经济和社会发展统计公报》显示：“全年国内生产总值已达676708亿元，比上年增长6.9%，其中，第三产业增加值比重为50.5%，首次突破50%。”经济社会的快速发展带动了包括休闲体育在内的精神文化需求增长。《2014年全民健身活动状况调查公报》显示：“2014年全国经常参加体育锻炼的人数比例达到了33.9%（含儿童、青少年）。”在我国经济发展基本面趋好的形势下，这一趋势将使大部分处于第三产业的休闲体育获得较大的发展空间。

我国休闲体育的场地设施条件不断得到改善。第六次全国体育场地普

查结果显示:"截至 2013 年 12 月 31 日,全国共有体育场地 169.46 万个,平均每万人拥有体育场地 12.45 个。全国新建全民健身路径器械 330.03 万件、登山步道 0.12 万条、城市健身步道 0.97 万条和户外活动营地 0.09 万个,为全民参与休闲体育奠定了坚实的场地设施条件基础。"

3.自由时间的增多和娱乐的需求

人们在劳动时间之外,除去满足生理需要和家务劳动等生活必须时间外,剩余下来由个人自由支配的时间就是所谓的闲暇时间。闲暇时间的不断增多,是社会进步的一个重要标志。马克思和恩格斯曾多次指出:"闲暇是人的全面发展所需要的自由时间,"这种时间不被直接生产劳动所吸收,而用于娱乐和休息,从而为自由活动和发展开辟广阔天地。闲暇时间的增多必然为更多人群参加休闲运动提供了可能。

21 世纪,人们的休闲娱乐需求是多元性、层次性、时尚性、时间性和个性特点的彰显,休闲体育本身的特性正好与人们休闲娱乐需求的特征契合,侧面也显示出:小康时代人们的休闲需求为休闲体育产业提供了巨大的市场机遇。

4.相关政策的颁布实施为休闲体育发展提供了社会条件基础

国务院颁布实施了《全民健身计划(2016—2020 年)》《国民旅游休闲纲要(2013—2020 年)》等政策和规划。国务院《关于加快发展体育产业促进体育消费的若干意见》明确提出将全民健身上升为国家战略。相关国家政策的发布和施行开创了重视体育、支持体育、参与体育的优越空间,有助于正确引导和启迪休闲体育产业在市场中科学、合理地运作;有利于休闲体育产业发展成为支柱性产业,在第三产业中发挥不可替代的作用。

国家法定节假日的调整显示:我国节假日取消了"五一"黄金周,增加清明、端午、中秋 3 天假期,形成两黄金周五小长假,法定节假日总天数增加至 11 天。此外,包括双休日和平均 10 天带薪休假在内,一年中人们可自由支配休息的时间合计 125 天,全年中几乎 1/3 的时间变成了休假时间。法定节假日的休假安排,为居民出行、购物和休闲提供了时间上的便利,为休闲体育走进百姓的日常生活提供了社会条件基础,为拉动内需、促进经济增长做出了积极贡献。

5.不断深化体育改革,激发了体育市场的活力

体育产业具有强大的生命力,市场前景十分广阔,属于朝阳产业。相关调查数据显示:"2014 年全国体育及相关产业总规模达到 13574.71 亿元,实

现增加值4040.98亿元,占当年GDP的0.64%。"同时,体育体制改革在不断地深化,"第一批14个全国性体育协会和总局脱钩改革试点工作启动,商业性和群众性体育赛事审批取消,体育赛事转播权限制放宽等"。"政企分开""管办分离"意味着把体育真正地交由市场来进行管理和运作,体育的自主权扩大,使市场的资源配置作用在体育中得到充分的发挥。体育产业本身就有巨大的潜力和生命力,经济发展方式的快速转变,为体育市场提供了广阔的发展空间;其作为新的增长动力正在孕育形成,为休闲体育和市场的进一步融合创造了条件。

(二)"十三五"时期我国休闲体育发展面临的主要挑战

1.我国休闲体育产业发展水平较低

我国休闲体育正处于起步状态,体育投资长期较低,规模较小,特别是体育基础投资只占国家总投资的0.1%,休闲体育产业产值在国民生产总值中的比重较低。与发达国家相比,我国体育的产业化水平十分落后,体育人口比重相对较低,有组织的体育人口与发达国家相去甚远。我国政府及各级部门在实行竞技体育"超前发展"战略时,相对忽略了对休闲体育的发展和投入,造成我国休闲体育产业发展陷入窘迫境地。

2.休闲体育产业经营管理人才匮乏

我国体育事业在发展的进程中,将大部分精力投入在培养大量体育竞技人才上,相对忽视了体育产业经营和管理人才的培养,特别是休闲体育产业方面的人才。当前,虽然有些高校开设了休闲体育相关专业,市场上出现了一些培养休闲体育方面人才的教育培训机构,一定程度上缓解了休闲体育经营管理人才的缺口,但不论其人才培养数量上还是质量上都难以满足目前休闲体育产业发展的需要。经营人才的匮乏已经成为制约我国休闲体育产业发展的瓶颈之一,会直接影响休闲体育产业市场的竞争力。

我国大多数休闲体育产业从业人员缺乏系统科学的专业培训,一些休闲体育经营者和管理者常常囿于现状,不能对现有的休闲体育服务及经营进行改革创新。休闲体育产业经营方式老套、经营内容单一、营销观念落后、创新意识薄弱,严重阻碍了我国休闲体育产业的发展。

3.休闲体育产业管理体制比较落后

"我国在经济体制改革之前,实行的是政府行使全部管理职权,而相应的行政手段则是主要的管理手段。"随着社会主义市场经济的确立,这种体制很难适应瞬息万变的社会环境。

4.休闲体育发展与不断增长的人民群众精神文化需求不相适应

“十三五”规划纲要提出“到2020年实现全面建成小康社会的宏伟目标,届时国内生产总值和城乡居民人均收入将比2010年翻一番”。随着居民物质文化需求的不断满足,必然会刺激人民群众精神文化需求的不断索取,间接地对休闲体育发展提出了更高的要求。我国社会主义初级阶段这一基本国情决定了社会主要矛盾依然是人民群众日益增长的物质文化需求同落后的社会生产之间的矛盾。供给矛盾问题不是一朝一夕就能解决的,休闲体育发展亟待解决的显著问题是“如何化解民众精神文化需求与供给不足之间的矛盾”。如何有效配置资源,如何开发现有闲置资源等皆是休闲体育发展面临的现实问题。

5.休闲体育对经济社会的综合作用发挥不够

“十三五”时期我国经济转型升级将全面推进,就休闲体育的功能属性而言,包括民众需求和社会需要在内,它们之间均具有较大的吻合度,所以,在拉动内需、服务经济发展时,其发展空间会越发增大。城乡居民的休闲体育消费需求、提升文化软实力、服务社会综合功能等诸方面的作用是休闲体育实际发展所不能展现的效果。我国休闲体育产业尚处于初级阶段,其不合理的结构体系,从业人员的“数量”和“质量”均很难适应市场发展的需要,服务产品与休闲消费的发展滞后已成为限制休闲体育发展的障碍物。在产业融合倾向的大背景下,休闲体育如何提升服务质量,特别是深化与新兴领域(旅游、互联网等)的融合,是未来一个时期休闲体育实现跨越式发展,需要正视的一个显著问题。

6.休闲体育难以适应我国人口结构变迁的发展需要

我国人口结构快速变迁发生在改革开放后的40年,我国人口结构的老龄化幅度呈连续上升态势,受长期计划生育政策和社会观念转变等诸要素的影响,我国人口变迁规律显示出“未富先老”的特征,这与发达国家普遍存在的“先富后老”相矛盾。据相关调查显示:“截至2014年底,我国60岁及以上的老年人口总数达2.12亿人,占总人口比重的15.5%。”老年人口的剧增将会涉及养老、医疗等一系列公共服务问题,而休闲体育的健身指导以及场地设施建设等各种服务如何满足我国人口老龄化发展需求,是休闲体育适应社会发展势必面临的现实问题。

7.休闲体育未能充分发挥在促进民众体质健康水平中的作用

2014年,由国家体育总局、教育部等10部委对31个省(区、市)进行第四次国民体质监测结果显示:“我国成年男性体质水平降低,青少年的肥胖检出率持续上升,视力不良检出率居高不下。”我国国民体质健康特别是青少年的体质健康状况长期以来都不尽如人意。造成国民体质健康水平低下的因素有很多,例如不健康的生活方式,而体育活动是有效解决此问题的一个重要手段。休闲体育与人们的生活方式紧密相关,这个本有属性肯定了休闲体育在民众体质健康中的促进作用。

四、推动我国休闲体育产业发展的对策

(一)建立与社会主义市场经济相适应的思想体系

要想推动我国休闲体育产业又好又快的发展,就需要转变“将体育事业视为纯消费性活动”的思想观念,需要建立与社会主义市场经济相适应的思想体系,在考虑经济效益的同时不能忽视社会效益,要将两者有机结合起来。国家调控、依托社会和面向市场是休闲体育产业发展的指导方针;政府职能应由“办产业”转变为“管产业”;在商品流通规律的原则下,推进休闲体育产业的运作和经营,形成以体育服务产品的买卖活动为主要内容的体育市场,从而产生一定的经济效益。

(二)制定休闲体育产业发展政策

休闲体育活动有助于提高居民的生活质量,能够带动巨大的体育消费。然而,如何引导、扩大休闲体育消费,采用怎样的政策手段鼓励社会兴办体育产业,如何实现民间资本、社会团体和政府管理机构共同扶持休闲体育产业发展,尚无明确政策可循。我们应将体育健身视为政策的基点,积极呼吁、协调有关部门及时建立和完善一套包括政府财政投入政策、产业项目基本建设投资政策、税收政策、体育彩票和体育基金等在内的比较完整和系统的体育产业政策,形成全方位、多层次的政策体系,为休闲体育产业的发展创造良好的空间。

一方面,制定稳定、优惠的产业政策;另一方面,不能忽视我国体育产业的立法及各项法规,在处理社会各种体育产业纠纷时,及时完善相关法律法规。我国体育产业立法总体上较为薄弱,水平不高,已有的法规配套性相对

较差、可操作性低，需要依据社会经济形式的变化制定相应新法和改进旧法。从而引导和推动我国休闲体育产业走上健康、专业的发展之路。

（三）转变机制，积极开发休闲体育市场

在市场经济体制氛围的作用下，转变休闲体育企业机制，逐步实行企业化经营或转变为自主经营。在引导和深化广大群众的休闲体育意识的同时，借助各种营销手段，吸引群众的注意力，培养他们的休闲习惯，提升群众的满意度，吸引更多的潜在消费群体。

大力培育本体市场，积极引导体育消费，进一步完善体育市场体系。就结构而言，健身娱乐市场、竞赛表演市场、体育无形资产市场、体育人才市场以及体育咨询市场是体育市场的本体市场，其能够带动体育用品市场、体育彩票市场、相关广告市场及旅游市场的发展。加快推进健身娱乐市场的扩张，将健身娱乐和竞赛表演两类市场作为龙头产业，引导广大群众向科学、健康的健身娱乐观念靠拢，调整其消费结构。

（四）多种途径培养休闲体育产业的专业人才

借助专业培养、岗位培训、在职进修、招聘引进等多种手段培育和打造休闲体育产业经营管理的专业人才，是进一步拓展我国体育市场、不断满足体育消费者的消费需求的重要前提。依托各种体育院校培养休闲体育的研究、指导、组织和经营人才；培养既懂体育运动，又懂市场经营之道的人才，推进休闲体育向产业化方向发展。

第二节　休闲体育健身的效益趋势

一、休闲体育产品的需求与供给弹性

（一）休闲体育产品的需求弹性分析

休闲体育产品的需求量对其价格变动的敏感程度就是休闲体育产品的需求价格弹性。不同档次的休闲体育产品具有不同的需求弹性，高档休闲体育产品一般比中档休闲体育产品的需求弹性小。譬如，中档俱乐部价格

变动所带来的需求量的变化幅度要比高档俱乐部的大，因为中档俱乐部的价格与大多数消费者的心理价格相接近。随着休闲体育的普及，大多数消费者对中档休闲体育产品的需求增多，而更大的需求弹性对休闲体育消费的影响不容小觑。休闲体育产品的需求收入弹性是指“在假定价格不变时，一定时期内消费者对休闲体育产品的需求量的变动对消费者收入变动的反应程度。”休闲体育消费是一种“正常物品”，其需求收入弹性大于零，需求量的变动和收入量的变动具有一致性，即社会经济和人们的收入增加时，休闲体育消费量也随之增加。这意味着休闲体育消费与经济增长具有同步性，两者成正比，与我国休闲体育的飞速发展状况相契合。

（二）休闲体育产品的供给弹性分析

以休闲体育产品生产要素的供给弹性为切入点来分析休闲体育产品的供给弹性。生产要素的价格变动对供给量变动的影响程度就是休闲体育产品生产要素的供给弹性。

其一，劳动力的供给弹性小于1，所谓劳动力是指休闲体育产品的生产者，如球类运动、健美运动中的教练。他们掌握特殊的知识、拥有专门的技能，其供给的形成周期普遍较长，所以其供给弹性普遍较小，短期内当这些专有劳动力的价格上涨后，其供给量不能马上得到调整。

其二，休闲娱乐场所的供给弹性小于1。休闲娱乐场所包括运动场馆、健身房以及特定休闲体育设施等。就生产技术和管理的角度来说，此类要素大多生产周期长、技术含量高、投资金额大，所以调整生产、增加供给的难度就相对较大。

其三，一般运动器材的供给弹性大于1。一般运动器材包括球类、运动服饰、健身器材等生产周期短、技术含量和价格相对较低的休闲体育用品。由于这些要素调整生产的难度相对较小，所以其供给弹性系数普遍大于1。譬如，对人和场地依赖程度较大的休闲体育产品（如健身俱乐部），短期内供给弹性较小，在需求迅猛增长时，其供给可能会出现短缺，从而影响休闲体育的发展；反之，对一般运动器材依赖程度较大的休闲体育产品，其供给弹性相对会大些。

二、休闲体育产业推动社会经济的发展

（一）休闲体育的经济价值

休闲体育是经济和体育相结合的一体化产物，是经济发展和增多的闲

暇时间的彰显。一方面,经济参与"买来"休闲体育,它是回报中的一部分;另一方面,休闲体育可以被用来娱乐、消费、健身和交往,从而支持有效的经济参与。正是这种消费的"再创造性",促使休闲体育合理化。

休闲体育的经济价值体现在以下几个方面:

其一,休闲体育是体育经济的主要组成部分。随着社会发展和休闲法制化的实施,国民由物质层面追求开始向精神层面追求转移,这为休闲体育提供了巨大的市场,休闲娱乐已经成为国民余暇时间的重要消费态势,休闲体育逐渐成为体育经济的有机构成主体。如今我国休闲体育产业的发展已经具备相当规模,休闲体育运动在一线城市蔚然成风,产业已有"成熟"之廓。据我国休闲体育产业统计数据显示:"截至2009年,沿海发达城市经营性休闲体育场所有4000家以上,并以每年20%的速度持续增长。"

其二,休闲体育产业经济效益显著、发展迅猛。国民日益增长的休闲体育活动需求,促使休闲体育巨大的经济价值越发凸显。国民经济的增长是人们参与休闲体育强有力的经济支柱和物质保障,而"有闲时代"也正在奋力招揽我们。作为一种健康、合理的休闲方式的休闲体育,正以崭新的雄姿昂首向我们走来,它既给休闲业、体育界及政府带来了新的思考和探究,也给现代社会带来了深远的影响。据相关统计:"我国已形成了总投资额超过2000亿元的相当规模的体育专业市场,国内现有体育产业经营性机构达20000多家,年营业额超过600亿元,其发展速度十分可观。"也就是说,高科技和现代化工具能够让人们生活中近一半的时间用来休闲。对于国外经济发达的国家来说,包括发展速度和总体经济规模在内的休闲体育产业,在国民经济中已占据不可撼动的位置。譬如,2000年,美国体育娱乐总营业额就高达4000亿美元,超过了房地产业和国防开支,极大地刺激了相关产业的发展。我国奥运经济研究会会长魏纪中讲:"目前全球体育产业的年产值高达4000多亿美元,并且保持着20%以上的年增长速度,仅以北京的上百家健身俱乐部和健身中心为例,它们的年创收目前就高达上亿元。"

其三,休闲体育对体育产业发展的巨大推动力成为我国新的经济增长点。休闲体育活动不仅对人们的身心具有复原和促进作用,还能对生产效率产生无形的推动效果,是一种潜力巨大的经济资源。在社会进步和观念更新的助推下,休闲体育已挣脱了竞技体育所投下的阴影牢笼,发展成一个巨大的新兴产业,同时也是前途光明的朝阳产业。我国休闲体育产业对经济具有拉动作用,这种"带动效用"不仅体现在体育产业的经济发展上,更为显著的是对第三产业的辐射作用。其主要表现是:休闲体育产业通过带动旅游业、娱乐业和传媒业等相关产业的发展,从而深化第三产业的内在结构;依托关联效应,带动第一、第二产业的发展。而休闲体育强大的经济辐射作用，促使休闲体育产业成为我国一个新的经济增长点。

（二）休闲体育产业对社会经济发展的益处

1.休闲体育促进社会和人的和谐发展

休闲体育既是经济发展的重要力量，又是构建和谐社会、促进人全面发展的有效途径。在和谐社会的要素中，人与人之间的和谐相处是最重要的，而人与人的和谐交往势必推进人与社会的和谐。休闲体育是社会体育的组成部分，是需要人们亲身体验的一种健康活动。人们利用碎片时间通过身体锻炼，可以增进身心健康，完善自我身体机能，丰富生活内容与加强人际关系，可以促进人的社会化与个性的形成。休闲体育产业作为一种新兴产业正在迅速崛起，其发展带动了相关产业的发展，间接提供了大量的就业岗位。

2.拉动体育用品的需求与消费

随着社会发展和休闲法制化的实施，国民由物质层面追求开始向精神层面追求转移，这为休闲体育提供了巨大的市场，休闲娱乐已经成为国民余暇时间的重要消费态势，体育产业在第三产业中所占的比重日益增高。我国经济持续、稳定增长的大环境造就了居民经济实力的雄厚，部分居民特别是大中城市居民已具备享受休闲体育消费和服务的经济能力。提高休闲体育的消费水平，满足人们对休闲体育产品和所需服务的多重需求，对发展中国家体育产业的发展具有不容小觑的作用。伴随休闲体育观念的深入人心，其逐渐成为人们日常生活不可或缺的一部分。在休闲体育人群激增的助推下，体育用品的需求量也大幅度增加，拉动了体育用品的消费。我国的体育用品企业要想实现科学、可持续发展，需借鉴国外某些先进理念，注重体育用品的专业性和舒适性，在技术创新和产品研发中精益求精，不断提升产品的价值和使用价值，满足消费者对运动产品的多重需求。

3.休闲体育推动体育旅游业的发展

体育旅游是旅游产业和体育产业交叉渗透产生的一个新领域，是以体育资源为基础，吸引人们参加与感受体育活动和大自然情趣的一种新的旅游形式，是体育与旅游相结合的一种特殊的休闲生活方式，也是体育产业的一个重要组成部分。人们时间的充裕改变着生活方式，健康理念和旅游观念由此发生了根本变化，体育和健康意识随之提高，各种健身休闲日益风靡，人们越来越热衷于参加各种以体育休闲为载体的旅游活动，外出旅游的人数明显增多,与体育有关的旅游度假方式也随之升温,旅游不再是单纯的旅行和观光,更多是融入了体育健身在内的社会活动。

现代体育旅游作为新兴产业,其发展与壮大在我国的国民经济中发挥着举足轻重的作用。体育旅游作为旅游业的重要组成部分,对于满足旅游需求、促进旅游业发展,开拓更广阔的旅游消费市场具有积极的作用。此外,其有利于促进国民身心健康、提升人民的生活品质、弘扬民族传统文化以及增进国际间的友好往来等。休闲体育在推动体育旅游业发展的同时,引发了一系列生态环境问题。为确保体育旅游的可持续发展,对体育旅游资源的开发应树立长期性原则,加强对文化和人类生存环境的保护;在制定体育旅游发展远景规划时,必须考虑生态环境的承受力,符合当地经济发展状况和社会道德规范,使自然资源得到保护,最终实现体育旅游的生态效益、文化效益和社会效益的协调发展。

4.休闲体育推动体育健身服务业的发展

为满足消费者在闲暇时间休闲娱乐、强身健体的需要而提供的体育场地、器材、技术指导等服务的体育健身行业就是所谓的休闲体育健身服务业。当前,我国休闲体育健身服务业发展迅猛,休闲体育服务市场已初显规模。在体育健身服务业发展的过程中,切忌过分注重经济效益,而忽视社会效益,经营者既要树立"以生态求生存,以创新求发展"的理念,又要树立"员工是客人,顾客是中心,质量是第一"的理念。休闲体育资源管理就资源比较优势而言,应管理好以下三个核心资源,即"健康概念资源、休闲文化资源和地域环境资源"。休闲体育服务业应与供应商或供应渠道构建稳定、诚信、畅通以及互利共赢的关系,需与供应商和渠道商(包含旅行社、俱乐部、休闲体育产品制造企业、经销商等)捆绑经营,创建一个系统的价值链对接网络,从而形成休闲体育服务业的经营价值链。这不仅可以带动休闲体育的发展,还能够带动旅游、娱乐、餐饮等行业的发展,有利于地区经济又好又快地发展。

5.休闲体育的强身健体功能有助于提高生产力,创造社会财富

相关研究结果证明:"经常参加体育锻炼不仅可以提高肌肉力量、耐力和柔韧性等身体素质,更重要的是可以降低心血管疾病的发病率,还可以缓解焦虑、压抑等心理疾病。"人们只有生理健康和心理健康得到了切实保障,才能在生活和工作中投放更多的精力,才能创造更多的社会财富。"长江一去无回头,人老何曾再少年""身体是生活和工作的本钱",健康的体魄是每个人的追求,高素质的人是综合国力的核心组成部分,而国民体质是综

合国力的塔基。广泛开展全民健身运动有利于完善身体机能,实现强身健体的功效,从而推动国民经济实力的增强。

三、社会经济发展将会为体育的发展创造条件

现代化机械设备取代了越来越多的体力劳动,这是现代社会经济发展的一个重要特征。在人类文明进步和社会发展的同时,现代社会对人体健康带来了一些负面影响。如人们长时间的脑力劳动和紧张的工作等,导致中枢神经系统负担过重,加之运动不足造成人体机能出现“不活动性萎缩”“新陈代谢低下”“适应能力降低”“神经衰弱”等“现代文明病”症状,成为人类自身健康发展的障碍物。

人们生活方式的转变以及环境的变化,也威胁着人体健康,具体因素如下:

第一,环境的污染、植被的减少、土壤的流失以及生态平衡的破坏等,导致全球气温发生变化,自然灾害出现的频率逐年升高。

第二,城市人口膨胀导致人们的生活空间日益缩小,与大自然的距离越来越远。

第三,越发激烈的社会竞争,快节奏的社会生活,导致人们常常处于紧张状态,精神压力普遍较大。

第四,交通与通信工具的现代化,家务劳动的社会化与家用设备的电器化,以及忙碌的生活和工作,致使人体较大程度地失去了活动、锻炼的机会。

第五,生活水平和质量的提高,农副产品的多样化,过多摄入的热量转化为脂肪。引发了“运动缺乏,营养过剩”“生活能力下降”等一系列问题;同时,肥胖症、高血压、冠心病、心脑血管等疾病发病率不断上升,对人们的健康造成了重大的威胁。

通过人们的共同努力,是可以克服现代生活对人体造成的负面影响的。大量科学研究和实践证明:体育运动是防治“现代文明病”的有效措施。原国际运动医学联合会主席普罗科普说:“机械化和自动化越来越多地夺去了人们的体力活动机会,由于缺乏运动,人体机能很快就会消退,适当的体育运动是预防文明病的最好方法。”

社会发展是一把“双刃剑”,有利也有弊,它在一定程度上对人体健康造成了伤害,但也为体育运动的发展开辟了广阔的空间。科学技术大大提高了社会生产力,丰富了社会物质产品,增加了人们的余暇时间。物质产品的极大丰富,一方面满足了人们的生存和生活需要,另一方面为人类物质生活和精神生活的繁荣提供了可能。现代科技的进步,劳动生产力的提高,工

作时间的日益缩短,影响了人们的生活方式,促使闲暇时间增多,为体育活动的普及和发展创造了有利的条件。

世界卫生组织在其宪章中将人的"健康"定义为:"不仅是没有疾病或不虚弱,也是人的生理、心理以及社会适应等方面完全良好状态的反映。"这一定义充分说明了现代社会对人体健康意义的理解更为深入和透彻,也体现了对身体健康的重视。体育运动不但具有防病治病的功效,还具有促进人们身心健康,提高人体自我机能等作用,这是毋庸置疑的。伴随人类社会的发展与文明的进步,"人生最宝贵的财富是健康"已不仅仅是"坐而论道"的空话,而是人们生活列表中所要攻克的具体计划之一。

借助体育运动增强人们的体质,调节人们的精神,丰富社会文化生活,改善生活方式,既是人类个体发展的需要,也是整个人类社会的需要;既是维持人体健康和人类正常生命活动的需要,也是提高社会生产力,推动全社会经济发展与进步的需要。体育具有突出的社会价值,通过挖掘其社会价值,有助于人们对体育的功能和意义进行解读。近年来,体育健身受到了广大民众的青睐,健身运动风靡一时。此外,政府部门也高度重视体育的发展,出台了许多相关政策,大力支持和发展群众性体育及体育娱乐事业,鼓励民众自发性地投入到各种体育锻炼中,为我国体育健身活动的开展创造了优越的社会条件。

(一)体育的社会地位将会日益突出

依据国际上较为普遍的看法,权衡一项社会活动是否重要,主要从以下几方面评议:"其一,是否有令人信服的科学基础;其二,是否有坚强有力的政府机构、法令和社会习俗来保证执行;其三,是否被社会广泛认同、接受和采用;其四,是否融入人们的生活方式之中;其五,在青少年中是否得以反复灌输;其六,此项活动的一些准则是否被一致公认并广泛流传等。"借助以上评价标准对体育运动进行分析,比较容易确立其社会地位。

其一,相关体育法令法规的普遍制定。我国大力支持且发展体育运动,将体育事业纳入根本大法中,制定了专门的体育法和健康法,彰显了我国对体育和健康的格外重视。中华人民共和国成立初期的中国人民政治协商会议共同纲领明文规定:"提倡国民体育。"我国宪法第二十一条规定:"国家发展体育事业,开展群众性体育活动,增强人民体质。"第四十六条规定:"国家培养青年、少年、儿童在品德、智力、体质等方面的发展。"1995 年 8 月 29 日第八届全国人民代表大会常务委员会第十五次会议通过了《中华人民共和国体育法》,其中明确提出"要发展体育事业,增强人民体质,提高运动技术水平"。其他某些国家在本国的宪法条例中也提到如"体育运动是人民的权力”“体育为所有的人”等。美国、日本、德国、法国等是体育比较发达的国家,均专门制定了体育法,如“日本1961年的《体育运动振兴法》、法国1975年的《发展体育运动法》、美国1978年的《业余体育法》等”,意味着体育运动的广泛开展和顺利进行有了法律的保障。

其二,专门管理机构的设立。如今,不管是发达国家还是发展中国家,大部分都已把体育视为国家的一项事业。“在政府中设立主管体育的部门或专门机构,设有国家授权或认可的社会体育组织和团体负责体育活动的管理。”政府体育主管部门和社会体育组织,会按照本国不同阶段的具体情况以及民众的偏好,制定适宜的口号,从而鼓励群众积极参与到体育运动中。

其三,将体育和健康纳入教育制度中。我国对民众的体质和健康状况十分的看重,“你们年轻人朝气蓬勃,好像早晨八九点钟的太阳”“少年强则中国强”等,这些都表明青少年对国家发展的重要性,因此增强全民体质势必要从青少年抓起。国家将体育纳入教育体制中,列为各级各类学校的必修课程。作为学校教育一部分的体育,在儿童和少年时期就潜移默化地受其熏陶和影响,为其终身受益打下了良好的基础。

在我国,体育课是学生的必修课之一,学校体育课时从40~90分钟不等,周学时为2~4节,加之课外体育锻炼,保证了学生几乎每天都能参与体育活动。尤其是在一些经济发达的地区,学校十分注重体育,专门有计划地安排活动内容。譬如,我国东北地区的学校实行体育季节制,不同季节举办不同的体育活动,有利于青少年系统地参加各种各样的体育锻炼,促进身心全面发展的同时,借助季节训练和竞赛能挖掘很多运动项目的优秀人才。

其四,各界人士对体育和健康的重视。随着体育在现代社会中多重功能的外显,很多政界人士对体育活动越发地重视,这不仅是政府和国家领导人参与体育活动的相关事务性工作的彰显,还是体育活动已渗透到国家领导人较为繁忙的日常生活中的体现,使之成为身体力行的参与者。

国家政界人士重视体育,将体育置于突出位置,且身体力行地参与体育活动,其他社会各界人士也较大力度地支持体育,各行各业鼓励本行业职工参加各种体育活动,将员工参加体育活动纳入企业文化的范畴。示范效应和鼓励措施促使民众参与体育活动的兴趣及热情激增,全民参与体育的热潮经久不衰。

其五,体育研究的发展。20世纪60年代,从德国和挪威等北欧国家兴起的大众体育逐步扩展到西方大多数发达国家,且呈上升的发展态势,为了和国际体育发展势态相接轨,我国重新调整了体育科研方向,有关体育领域的科学研究日益占据重要位置。德国、美国、日本等都设立了专门从事体育锻炼的研究机构,如体育研究所、运动处或委员会等。此外,体育研究在国际学术活动中的比重也越发明显。

其六,体育浸透到人类社会生活的方方面面,同时也是运动精神广为传播的彰显。运动员为国争光、顽强拼搏、吃苦耐劳和勇于奉献精神等,是社会的一种精神财富,能给予人强大的精神动力,正在被社会各界普遍认可,各行各业也争相效仿体育比赛的公平竞争精神和方法。这种现象切实说明,在现代人类社会生活中,体育和健康正发挥着不可撼动的作用。现代科学技术瞬息万变,更新速度迅猛,促使人们不断地以最少的人力、物力、时间获取财富,物质生活越丰富,人们对精神生活和文化生活的追求层次也越高,对体育活动也提出了更高的要求,需要丰富多彩的体育形式来充盈生活内容。随着人类社会的发展,体育的重要性势必会越来越凸显。

(二)体育将会融入人们的生活方式之中

现代化媒体的发展,大大缩短了人与人、国与国之间的距离,电视电台和书报杂志也增加了体育信息的比重,尤其是一些重大体育比赛以迅猛的态势传播,推动体育和健康朝着大众化、普适化的方向发展。随着社会的深入发展,人们对体育的功能和作用有了更进一步的认识,对体育的兴趣和热情日渐激增,体育所触及的范围越发宽广,与人们的日常生活紧密相连,大部分社会成员通过各种运动形式不同程度地参与到体育领域中,体育活动的发展逐渐成为人们日常生活不可或缺的一部分。

其一,体育人口比例上升。20 世纪六七十年代以来,很多国家尤其是经济发达的国家,体育运动均发生了深刻的变化,竞技体育发展态势之迅猛,群众性的健身锻炼蔚然成风,越来越多的人经常性地参与体育活动。体育参与者的激增,有助于改善人们的健康状况,提高人体素质;同时也促进了体育运动场地设施的兴建,刺激了体育经费的投入和消费水平的升高,保证了体育健康良性的发展。

其二,观看体育比赛的热情高涨。体育融入现代人类社会生活,一方面是人们参与体育活动、增进自身健康的彰显,另一方面是对重大体育赛事的关心,这种“关心”在一定程度上已经超出了对体育本身的理解。近年来,竞技运动在我国已成为人们关注的焦点,尤其是对国际重大赛事表现出了狂热的喜爱。例如,电视实况转播奥运会开幕式,全球收视率超过 20 亿人;2002 年世界杯足球赛现场会集来自世界各地的观看者,借助电视实况转播收看者达上千亿人次。这意味着体育在人类社会生活中扮演着举足轻重的角色,体育运动符合社会多数成员的兴趣,具有较高的喜爱度和关注度。

过去,我国经济发展水平相对落后,体育管理体制、方式和观念等方面存在着一些问题,一定程度上阻碍了体育普及的脚步。然而,国家和政府向来对全民体质和健康的提高就十分重视,其倡导健康性体育活动的开展。1995年,国务院发布了《全民健身计划纲要》,目的就是更广泛地开展群众性体育活动。随着我国经济的发展和人民生活水平的不断提高,人们对体育重要性的认识将更为深入,参与体育的人数会愈来愈多,因为体育已经成为我们的一种生活方式。

四、体育休闲产业发展建议

休闲是体育发展的必然趋势之一,随着竞技体育的发展,体育运动会越发专业化,大众体育也会越发社会化和普及化,这种社会大趋势必然将大众体育推向休闲化,促使休闲最终成为人类生存的一种良好状态。

国际上有学者认为:"休闲业是第五次浪潮,即从农业到工业、服务业和信息业之后的第五次浪潮就是休闲业,加上一些新能源和新技术的核心就是休闲产业,促使社会向节约型、生态型、低碳型方面转化,建立一种健康的生活方式,体育休闲符合这种潮流。"当前一些经济发达的国家,通过采取多种措施追求体育的经济效益,如大型运动竞赛出售电视转播权,组织门票收入、广告费等。我国休闲体育的经济功能也在逐渐提高,据不完全统计:"2008年北京奥运会后,参加轮滑运动的青少年以年均10万人的速度增长,中国轮滑器材设施厂仅生产滑轮鞋的一年产值就高达60多亿元。"在日常体育活动中提高体育设施的利用率,举办热门项目的比赛,开发体育旅游,开展体育咨询等,对体育休闲产业的发展是百益无一害的。

以下是体育休闲产业发展的具体建议:

第一,各级政府部门需加大休闲体育的宣传力度,增强全民的健身意识,促使广大群众在闲暇时间自发参与体育娱乐健身活动。此外,学校需重视学生身体素质的培育,加强对学生终身体育意识的培养,激发其内在的体育爱好,传授基本的锻炼方式和锻炼技能,为其终身受益打下良好的基础。

第二,休闲体育产业触及社会的多个方面,与各个部门和阶层都有直接或间接的联系,是一个需要互相配套的系统工程,既要加强供给、引导需求等,又需要社会相关配套条件的援助。快速高效地达成"目标",离不开"科学管理"这一重要因素。为了使休闲体育产业又好又快地发展,国家应建立一套系统的组织管理机构,省市县需设立专门分管群体工作的部门,这些部门可以创办群众体育协会、体育指导中心、俱乐部等,从而形成广泛的大众体育社会管理网络。

第三,体育用品企业应注重打造专业性和舒适性的体育产品,提升产品价值和消费者的使用价值感,满足消费者对高品质运动产品的追求。

有商业专家认为:“与体育品牌相比,休闲类商品的利润率低。”不管是户外休闲品牌(如 Jack Wolf Skin)还是时尚休闲品牌(如 Vans),其在国内市场的规模和知名度均与耐克、阿迪达斯等品牌具有显著差距。如果想要通过代理这些品牌而寻找新的利润增长点,一方面需要企业不断完善自身的运营能力,另一方面需要品牌商加强对广告、研发等环节的投入力度。

第四,休闲体育健身服务业,应以民族文化为本原,以地域文化为布景,发掘和拓展休闲体育文化资源,营造和创新休闲体育文化氛围,承袭和发扬优秀民族文化,提升服务品质和文化竞争力。加快休闲体育行业高素质、专业人才的培养,加快相关政策法规的出台,加强休闲体育活动场所的建设与改造,多渠道筹集休闲体育活动的投入资金,建立和完善休闲体育公共信息服务平台。

第五,可持续发展理念应贯穿于体育旅游开发的整个过程中,重视其与环保的结合,科学利用和保护旅游资源。应树立“以生态求生存,以创新求发展”的经营理念;在拓展自然资源和社会人文资源的同时,不能改变其原有的特性;在开发体育旅游时,切忌千篇一律,要有自己独特的定位和个性。要想实现真正意义上的体育旅游资源的开发,需要各级部门的统一协作,需要体育产业和旅游业人员的相互配合,同时将文化、体育和旅游活动有机地结合起来。

我国休闲体育及相关体育产业的发展,已经进入了一个重要的阶段。在我国当前城市化快速推进的关键时期,城市化策略既要立足新型工业化和现代服务业,又要充分满足民生方面的精神文化需求,以表现一个城市的鲜明个性和特色。毋庸置疑,发展体育休闲是一个可供选择的重要途径。虽然我国群众体育和休闲体育得到了蓬勃发展,但仍有某些城市重视力度不够,发展休闲体育的意识不强,公共体育设施相对匮乏,休闲体育的方式相对单一。此外,休闲体育消费也符合“生态文明关于发展低碳经济和创建低碳生活方式的相关要求”。发展群众性休闲体育事业,丰富了建设全面小康社会的内涵,有助于经济、社会、文化的全面可持续协调发展,是全面建设小康社会的重要环节。

参考文献

[1]郭振芳.休闲体育理论与实务及其产业化[M].北京:中国水利水电出版社,2016.

[2]李相如,钟秉枢.中国休闲体育发展报告(2015~2016)[M].北京:社会科学文献出版社,2016.

[3]李相如,凌平,卢锋.休闲体育概论(第二版)[M].北京:高等教育出版社,2016.

[4]李晶,谢飞.休闲体育与全民健身[M].北京:光明日报出版社,2017.

[5]谢卫.休闲体育概论[M].成都:四川大学出版社,2014.

[6]岳冠华.解读休闲体育[M].北京:中国社会科学出版社,2012.

[7]黄益苏.时尚休闲运动[M].北京:高等教育出版社,2007.

[8]邓跃宁,许军.休闲运动[M].成都:四川科学技术出版社,2011.

[9]胡小明,虞重干.体育休闲娱乐理论与实战[M].北京:高等教育出版社,2004.

[10]马旭晨.现代项目管理评估[M].北京:机械工业出版社,2008.

[11]张宏,陈华.休闲体育管理[M].北京:中国人民大学出版社,2015.

[12]罗普磷.社会体育管理学教程[M].北京:北京体育大学出版社,2008.

[13]约翰·凯利.走向自由:休闲社会学新论[M].赵冉,季斌译.昆明:云南人民出版社,2000.

[14]托马斯·古德尔,杰弗瑞·戈比.人类思想史中的休闲[M].成素梅,马惠娣,季斌译.昆明:云南人民出版社,2000.

[15]凡勃伦.有闲阶级论[M].蔡受百译.北京:商务印书馆,2013.

[16]程遂营.北美休闲研究:学术思想的视角[M].北京:社会科学文献出版社,2009.

[17]肯·罗伯茨.休闲产业[M].李昕译.重庆:重庆大学出版社,2008.

[18]李明.体育产业学导论[M].北京:北京体育大学出版社,2001.

[19]朱寒笑.中国城市体育休闲服务组织体系研究[M].北京:北京体育大学出版社,2009.

[20]卢元镇.体育社会学[M].北京:高等教育出版社,2001.

[21]吴承忠.国外休闲经济——发展与公共管理[M].北京:人民出版社,2008.

[22]卿前龙.休闲服务与休闲服务业发展[M].北京:经济科学出版社,2007.

[23]张海荣,方启东.休闲学概论[M].昆明:云南大学出版社,2007.

[24]马惠娣.走向人文关怀的休闲经济[M].北京:中国经济出版社,2005.

[25]王琪延.休闲经济[M].北京:中国人民大学出版社,2005.

[26]赵立等.体育概论[M].北京:高等教育出版社,2009.

[27]杨文轩,杨挺.体育概论[M].北京:高等教育出版社,2005.

[28]杨铁黎.体育产业概论[M].北京:高等教育出版社,2010.

[29]于光远.论普遍有闲的社会[M].北京:中国经济出版社,2005.

[30]曹卫,孙志宏,宋卫.论余暇、休闲、体育三者之交融[J].体育与科学,2005(3).

[31]李仲广,卢昌崇.基础休闲学[M].北京:社会科学出版社,2004.

[32]刘晨晔.休闲:解读马克思思想的一项尝试[M].北京:中国社会科学出版社,2006.

[33]刘海春.休闲与生命教育[M].北京:人民出版社,2008.

[34]郭泮溪.民间游戏与竞技[M].北京:中国社会出版社,2006.

[35]李岳峰,蒋仲君,张鹏.时尚休闲运动[M].北京:高等教育出版社,2007.

[36]时尚运动与健康[M].长沙:湖南师范大学出版社,2006.

[37]尹德涛.休闲理论与实务[M].沈阳:辽宁科学技术出版社,2009.

[38]黄静,熊昌进.攀岩运动[M].上海:上海科学普及出版社,2005.

[39]朱寒笑.登山和攀岩技巧[M].北京:中国社会出版社,2008.

[40]闻兰.户外运动[M].北京:高等教育出版社,2005.

[41]李岳群,蒋仲君,张鹏.时尚休闲运动[M].北京:高等教育出版社,2007.

[42]王兮,侯安继.现代休闲方式[M].武汉:武汉大学出版社,2002.